ORIGAMI TIERE

ULLMANN

Originaltitel: Origami Farm
Text: Joe Pullman
Illustrationen: Anne Passchier
Redaktion: Kait Eaton at Duck Egg Blue
Gestaltung: Duck Egg Blue

Rolandsecker Weg 30, 53619 Rheinbreitbach
Übersetzung: Ursula Fethke
Satz: Marcus Noch
Coveradaption: Beate Lennartz
Gesamtherstellung: Ullmann Medien GmbH, Rheinbreitbach

ISBN 978-3-7415-2463-9
10 9 8 7 6 5 4 3 2 1
www.ullmannmedien.com

Inhalt

Einleitung

In diesem Buch lernst du, viele unterschiedliche Tiere zu falten. So kannst du deinen eigenen Bauernhof aus Papier basteln!

Im traditionellen Origami entstehen die Modelle nur durch Falten – ohne zu schneiden. Wir haben hier die Regeln etwas erweitert und schneiden auch, um den Origami-Tieren Beine zu geben. Am besten lässt du dir von einem Erwachsenen mit der Schere helfen. Für Origami brauchst du nur ein quadratisches Blatt Papier, deine Finger und eine Faltanleitung! Nimm einen Buntstift und male weitere Details, wie Augen, Ohren und Flügel hinzu.

Los geht's!

Für Origami eignet sich dünnes, widerstandsfähiges Papier, das du mehrfach falten kannst. Normales Schmierpapier geht auch, aber es darf nicht zu dick sein.

Viele Origamimodelle in diesem Buch entstehen mit den gleichen Faltungen. Wie das geht, zeigen dir die Faltsymbole in dem Kasten rechts. Am besten siehst du sie dir gut an und übst die unten dargestellten Faltungen – dann verstehst du die Anleitungen in dem Buch besser. Und streiche die Falze immer gut aus!

Die Zeichen

- - - - - - - - - Talfalte

················ Bergfalte

Ziehharmonikafaltung

mit der Schere schneiden

drücken/glätten

um x Grad drehen

Richtung, in die du faltest

das Papier wenden

Bergfalte

Wenn du nach hinten faltest und die Form wieder öffnest, steht die Mitte etwas hoch – so wie bei einem Berg.

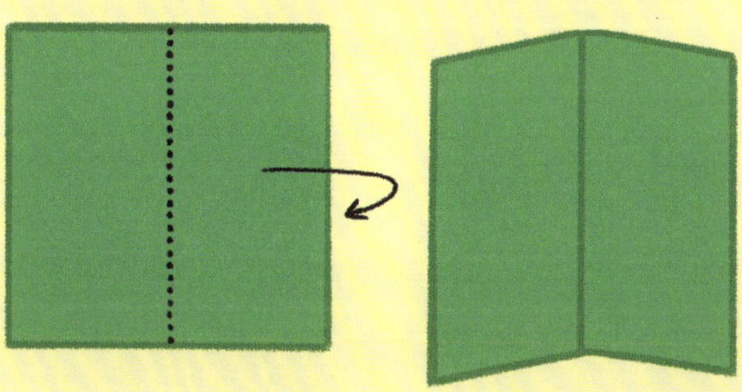

Talfalte

Wenn du das Papier nach vorn faltest und wieder öffnest, stehen die Ränder etwas hoch – so wie bei einem Tal.

Ziehharmonikafaltung

Mit mehreren Tal- und Bergfalten entstehen die Ohren, der Schwanz oder andere Teile deiner Origamitiere.

1 Falte das Papier in der Mitte mit einer Talfalte. Direkt darüber setzt du eine Bergfalte.

2 Ziehe die Bergfalte nach unten und streiche sie aus.

3 Das ist eine Ziehharmonikafaltung. Du kannst aber auch mit einer Bergfalte beginnen.

Gegenbruchfalte nach innen

So faltest du einen Teil der Form, der flach sein soll – zum Beispiel den Schwanz oder das Maul deiner Origami-Tiere.

1 Falte das Papier in der Diagonalen. Dann faltest du die Spitze mit einer Talfalte nach rechts.

2 Es ist wichtig, dass der Falz gut ausgestrichen ist! Am besten fährst du ihn zwei oder drei Mal mit dem Finger nach.

3 Öffne wieder und falte genau am Falz mit einer Bergfalte nach hinten. Öffne wieder. Schiebe den Finger zwischen die Lagen.

Öffnen

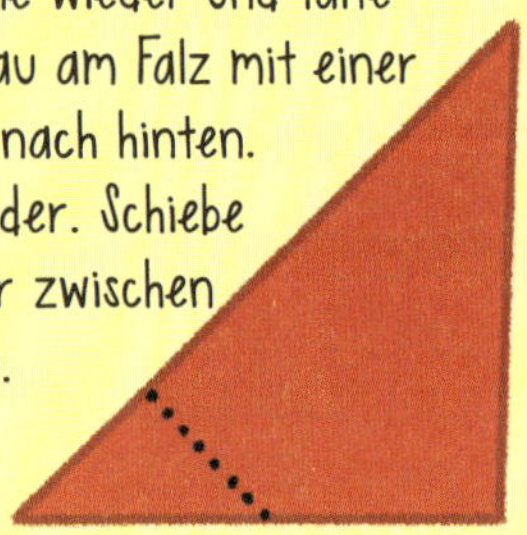

4 Stülpe die Spitze nach innen und schließe die Lagen wieder. So sieht danach die Rückseite aus.

5 Glätte das Papier – das ist eine Gegenbruchfalte nach innen.

Gegenbruchfalte nach außen

Sie ist praktisch, wenn ein Teil der Form abstehen soll. So entstehen Pfoten und Ohren.

1 Falte das Papier in der Diagonalen. Dann faltest du die Spitze mit einer Talfalte nach rechts.

2 Es ist wichtig, dass der Falz gut ausgestrichen ist! Am besten fährst du ihn zwei oder drei Mal mit dem Finger nach.

3 Öffne wieder und falte genau am Falz nach hinten. Öffne wieder. Schiebe den Finger zwischen die Lagen.

Öffnen

4 Stülpe die Spitze nach außen und schließe die Lagen wieder.

5 Das ist eine Gegenbruchfalte nach außen. Du kannst die Falze ausstreichen oder du belässt die Spitze gerundet.

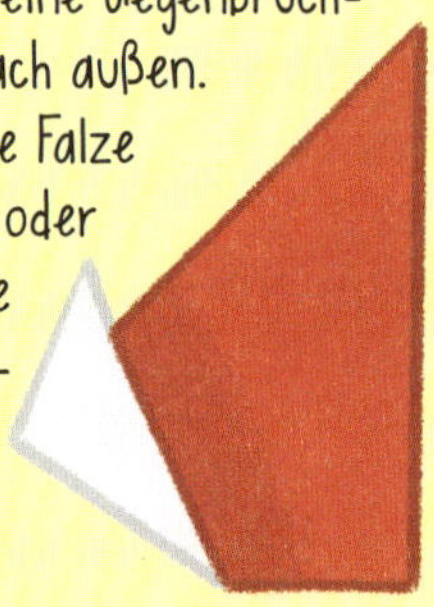

Bauernhoftiere

Hahn

Der Hahn ist das lauteste Tier auf dem Bauernhof. Jeden Morgen kräht er in aller Frühe – er verschläft nie. Kikeriki!

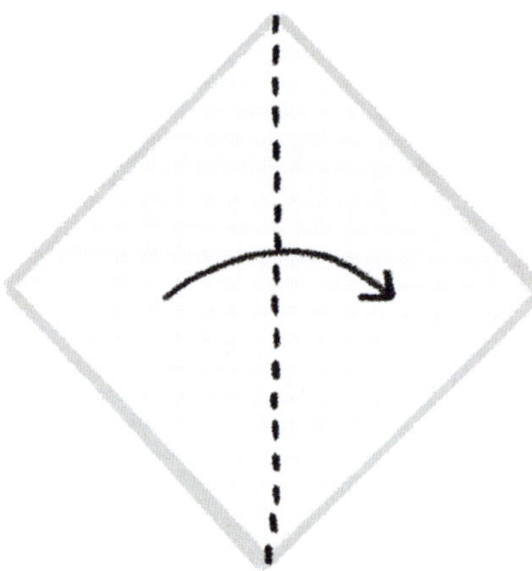

1 Lege dein Papier wie abgebildet hin, eine Ecke weist nach oben. Falte diagonal nach rechts. Öffne wieder.

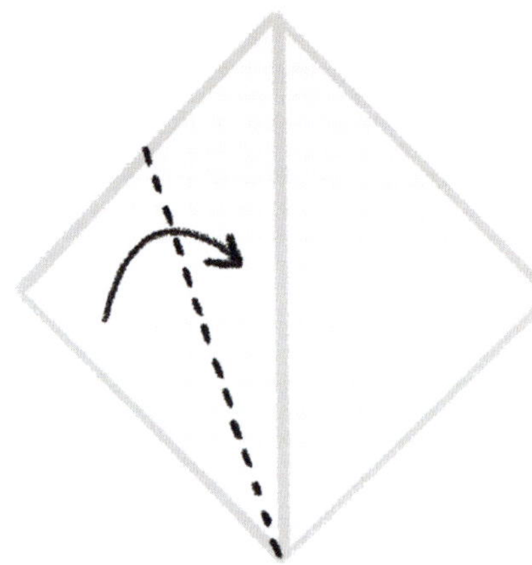

2 Nun faltest du erst die untere linke Kante auf den Mittelfalz, ...

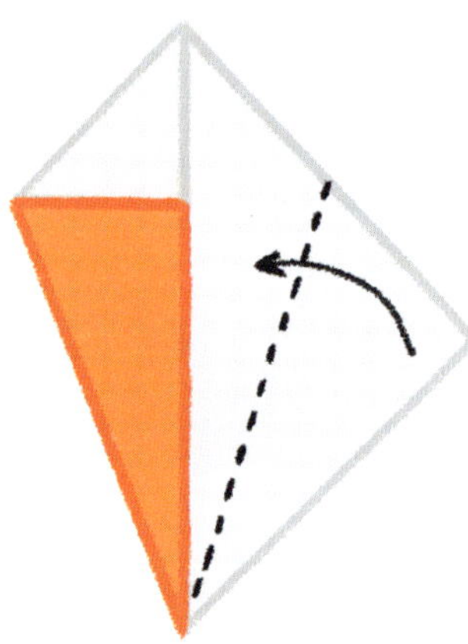

3 ... dann die untere rechte Kante.

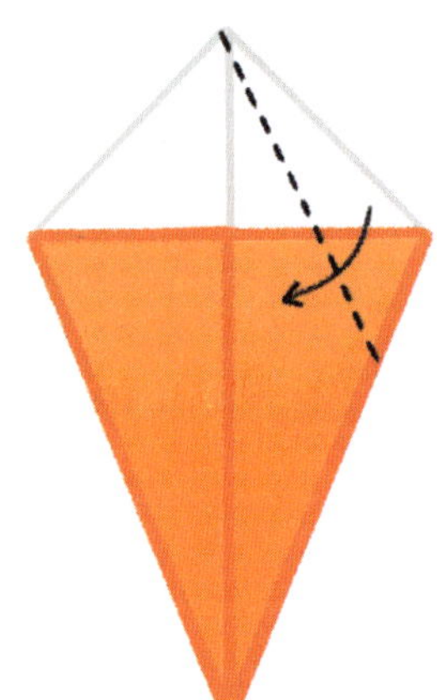

4 Du faltest erst die obere rechte Kante auf den Mittelfalz, ...

Mittel

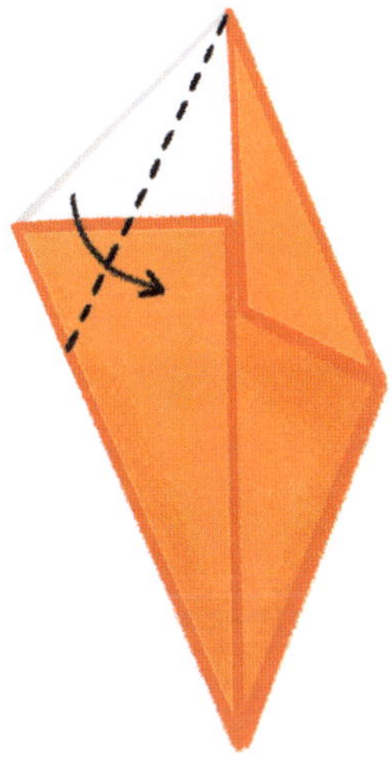

5 … dann auch die obere linke Kante.

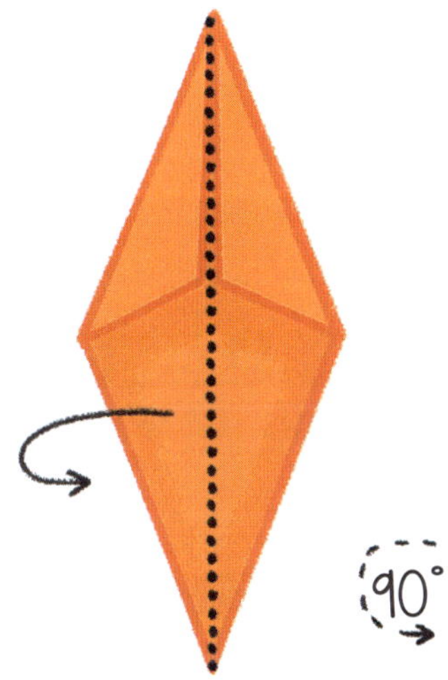

6 Falte in der Mitte nach rechts. Dann drehst du die Form um 90° nach links.

7 Falte nun in der Mitte nach rechts und öffne wieder.

8 Falte genau am Falz nach hinten und öffne wieder. Dann führst du eine Gegenbruchfalte nach außen aus (siehe Seite 6). Drehe die Form um 90° nach links und wende sie.

9 Falte die Spitze nach hinten und öffne wieder.

10 Du faltest sie nach vorn und öffnest wieder. Danach führst du eine Gegenbruchfalte nach innen aus (siehe Seite 6).

11 Falte das Ende der Spitze nach hinten. Öffne wieder.

12 Falte es nach vorn und öffne wieder. Führe eine Gegenbruchfalte nach außen aus: Das sind die Schwanzfedern.

13 Nun faltest du die linke Spitze nach hinten. Öffne wieder.

Mittel ★★

14 Du faltest sie nach vorn und öffnest wieder. Führe nun eine Gegenbruchfalte nach innen aus: Das ist der Kopf.

15 Falte das Ende der Spitze nach hinten und öffne wieder.

16 Falte es nach vorn und öffne wieder. Führe eine Gegenbruchfalte nach innen aus: Das ist der Schnabel.

17 Nun malst du noch Augen und Federn hinzu, und schon ist dein Origami-Hahn fertig. Gleich kräht er los!

Schwein

An der Schnauze und am Ringelschwanz erkennst du das Origami-Schwein sofort. Oink, oink!

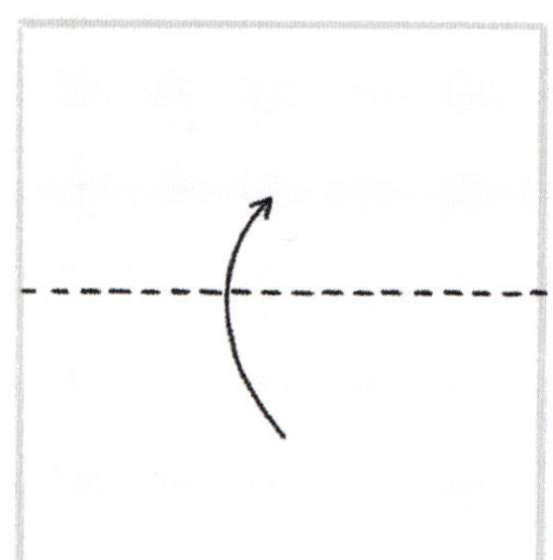

1 Lege dein Papier wie abgebildet hin. Falte in der Mitte nach oben und öffne wieder.

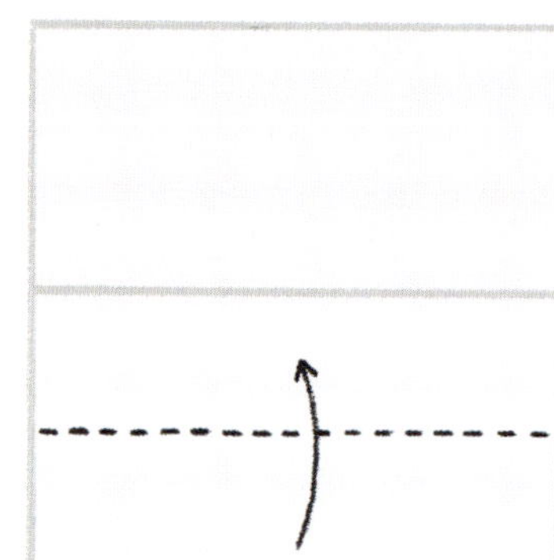

2 Du faltest erst die untere Kante auf den Mittelfalz, ...

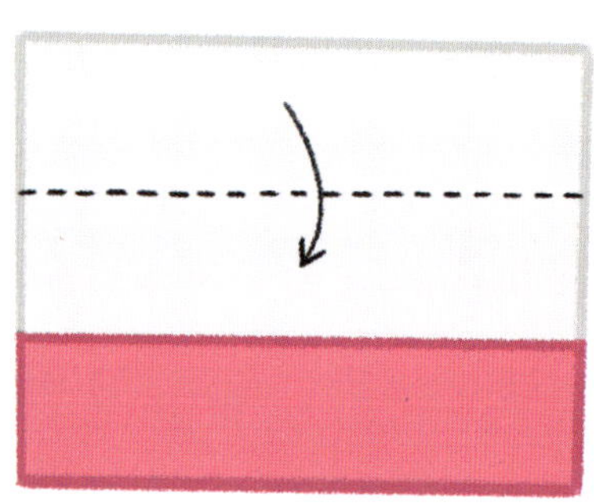

3 ...dann die obere Kante.

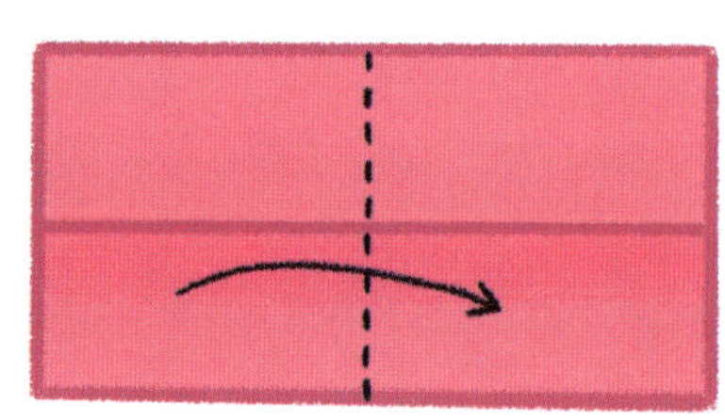

4 Nun faltest du in der Mitte nach rechts und öffnest wieder.

Mittel ★★

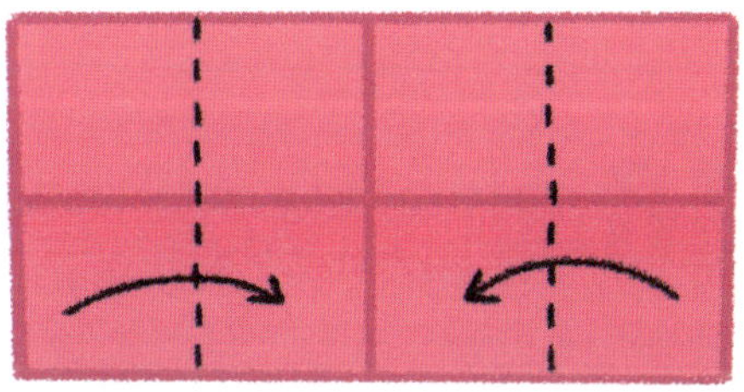

5 Falte die linke und die rechte Kante auf den Mittelfalz und öffne wieder.

6 Jetzt faltest du noch die obere rechte Ecke diagonal.

7 Wiederhole das mit den restlichen drei Ecken.

8 So sollte die Form nun aussehen.

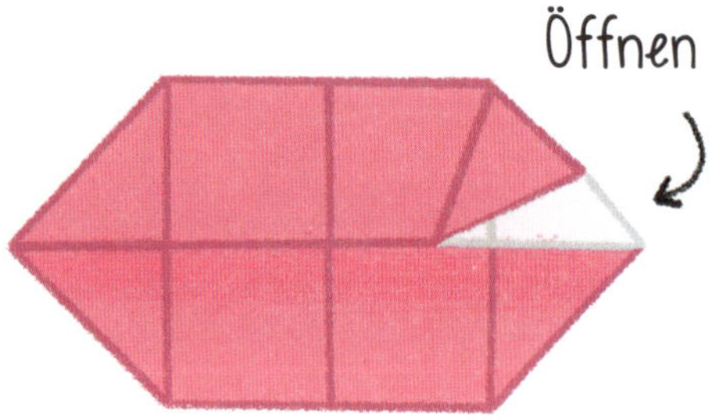

9 Öffne vorsichtig wieder die obere rechte Ecke.

10 Glätte sie zu einem Dreieck. Das wiederholst du mit den restlichen Ecken.

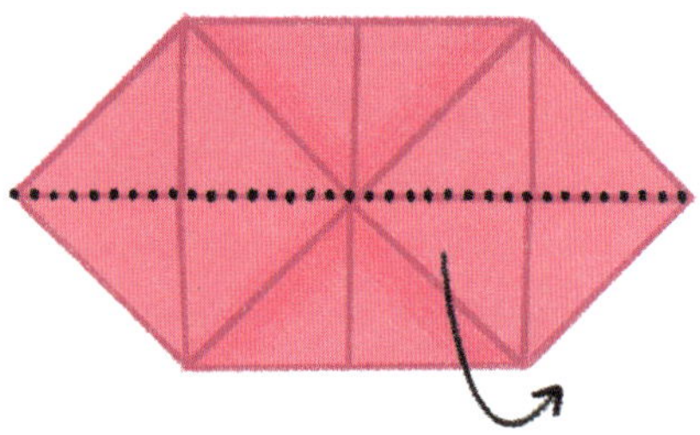

11 Falte in der Mitte nach unten.

12 Die beiden rechten Taschen faltest du in der Mitte nach hinten: Das werden die Hinterbeine.

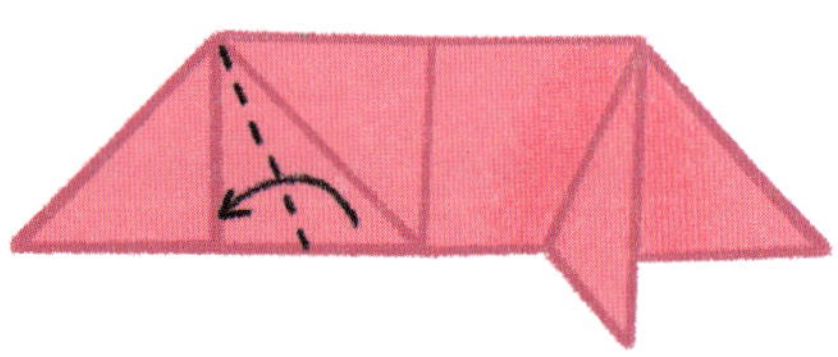

13 Wiederhole Schritt 12 mit den beiden linken Taschen: Das werden die Vorderbeine.

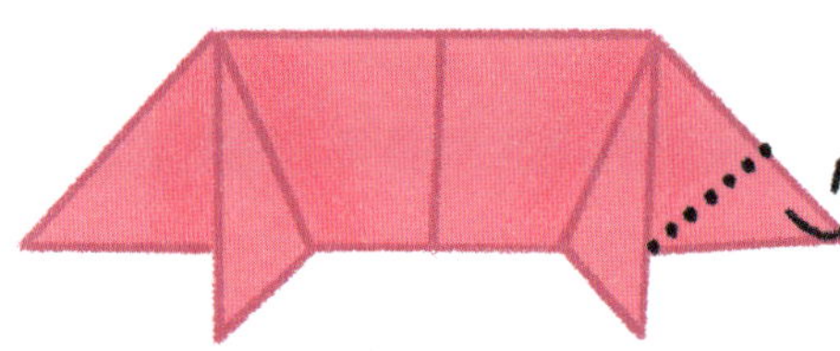

14 Du faltest die rechte Spitze nach hinten und öffnest wieder.

15 Falte die rechte Spitze nach vorn und öffne wieder. Dann setze eine Gegenbruchfalte nach innen (siehe Seite 6): Das ist der Schwanz. Falte die linke Spitze nach hinten und öffne wieder.

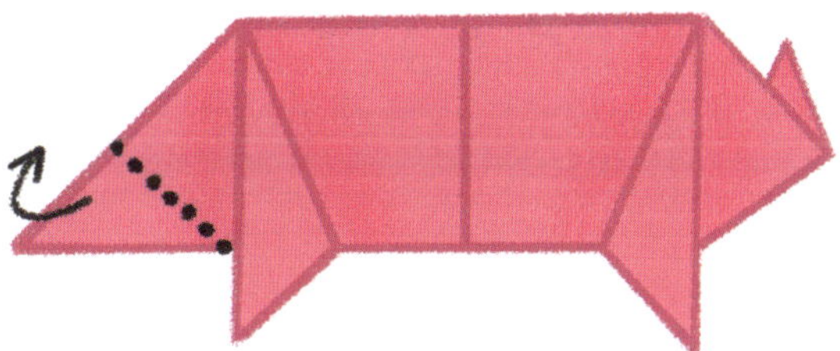

Detail des Schwanzes

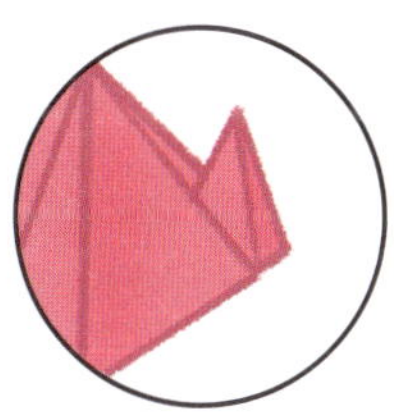

16 Falte nach vorn und öffne. Setze eine Gegenbruchfalte nach innen: Das ist die Schnauze. Falte die Spitze ein.

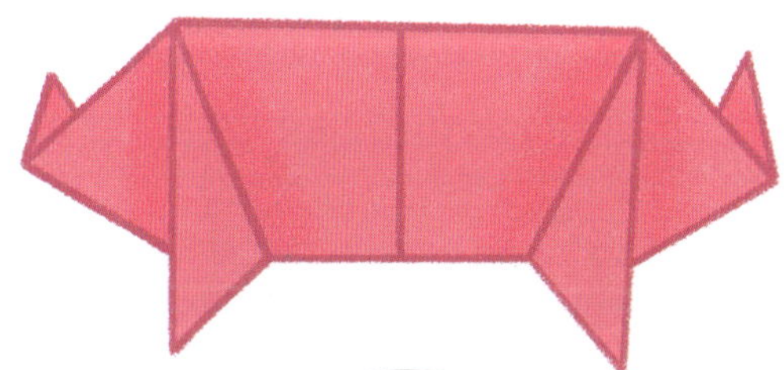

Detail der Schnauze

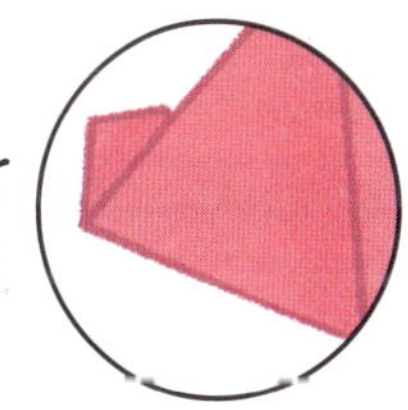

17 Male ein Gesicht und die Klauen auf – das ist dein freundliches Schwein!

Pferd

Auf dem Hof darf das Pferd nicht fehlen. Das Origami-Pferd beherrscht sogar Kunststücke! HÜ-Ü-Ü-Ü!

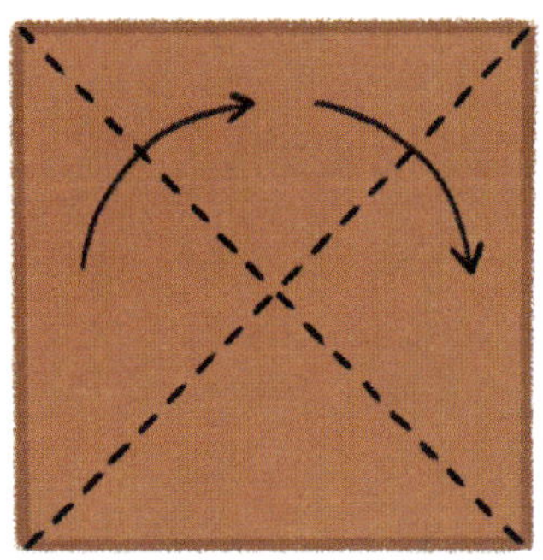

1 Lege dein Papier so hin wie auf der Abbildung. Du faltest entlang der beiden Diagonalen und öffnest wieder.

2 So soll die Form nun aussehen. Wende sie.

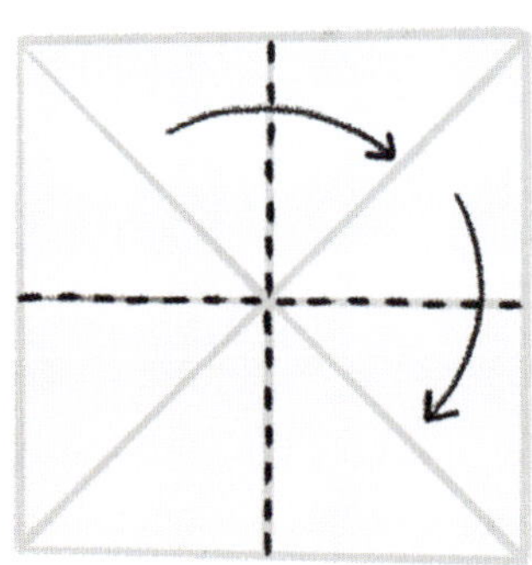

3 Falte in der Mitte nach unten und öffne wieder. Danach faltest du in der Mitte nach rechts und entfaltest wieder.

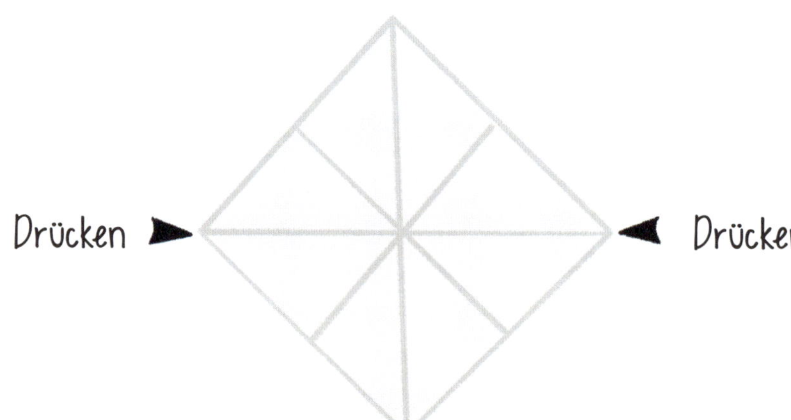

4 Lege die Form so hin, dass eine Ecke nach oben weist. Dann drücke gegen die beiden Ecken links und rechts.

Schwer ★★★

5 Dabei faltet sich die Form zu einem kleinen Quadrat zusammen, so wie auf der Abbildung. Glätte die Form.

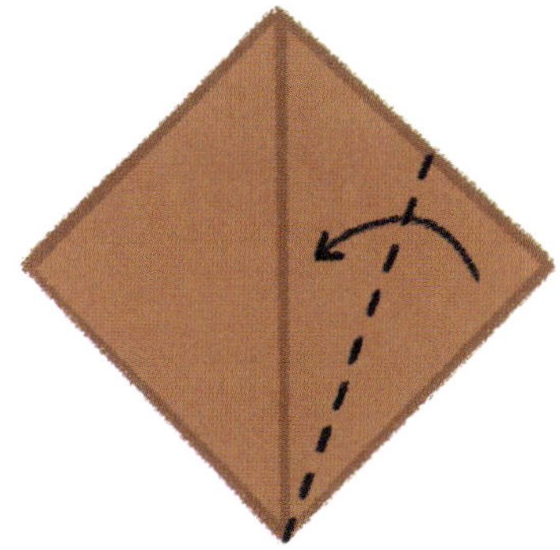

6 Du faltest erst den rechten vorderen Flügel auf den Mittelfalz, ...

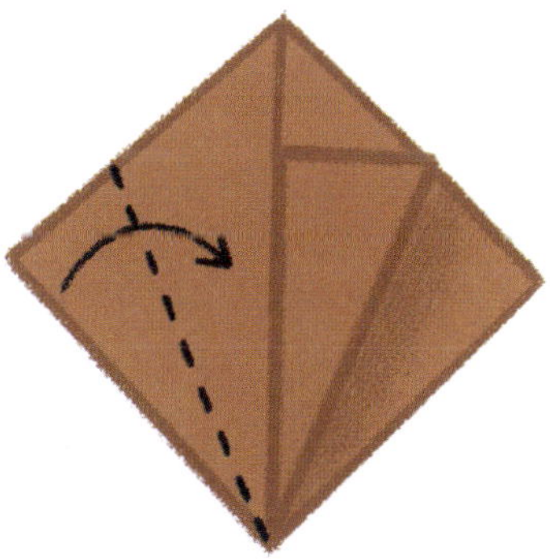

7 ... dann auch den linken vorderen Flügel.

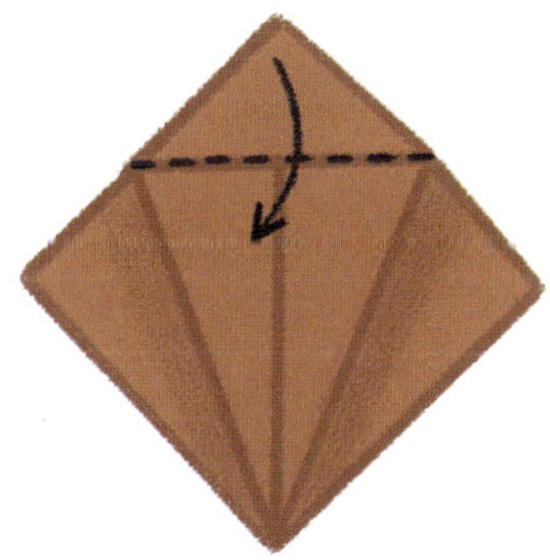

8 Falte die Ecke nach unten, so wie auf der Abbildung.

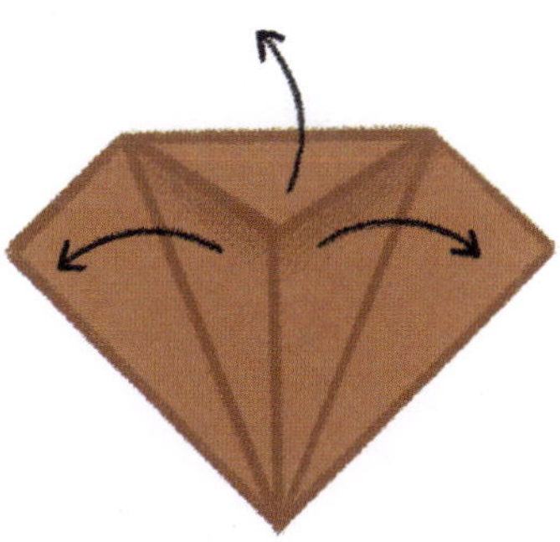

9 Öffne die Falze von Schritt 6, 7 und 8 wieder.

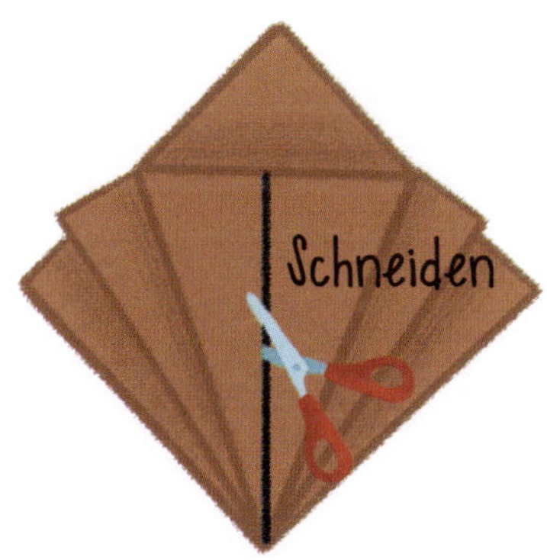

10 Mit der Schere schneidest du nur durch die oberste Lage: von unten bis hinauf zum Querfalz.

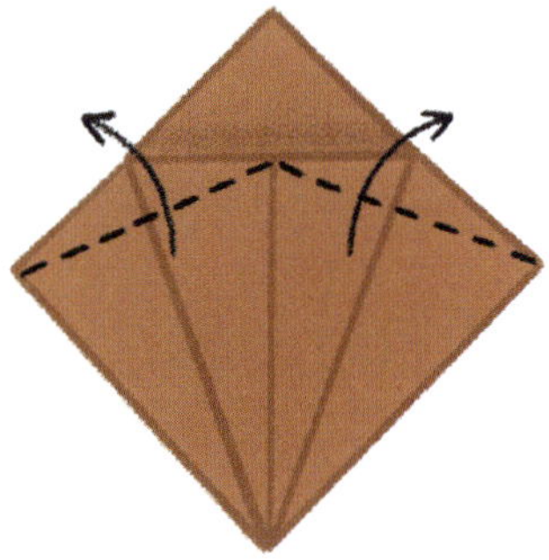

11 So sollte die Form nun aussehen. Falte erst die rechte, dann die linke Spitze an der obersten Lage hoch.

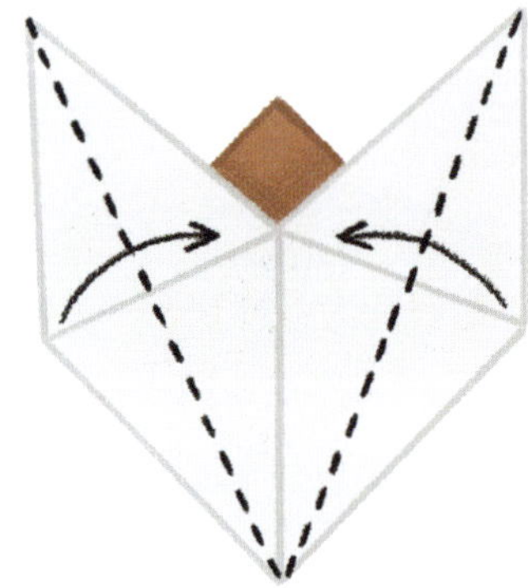

12 So sollte die Form nun aussehen. Du faltest die oberste Lage der linken und der rechten Kante auf den Mittelfalz.

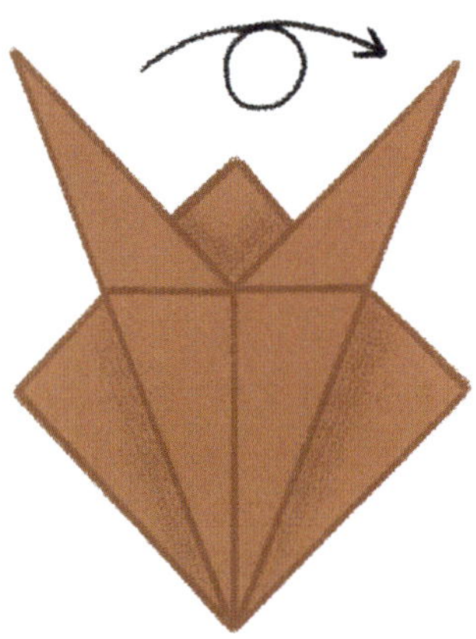

13 Die Form sollte nun so aussehen. Wende sie und wiederhole Schritt 6 bis 12 auf dieser Seite.

14 So soll die Form nun aussehen. Drehe sie um 180°.

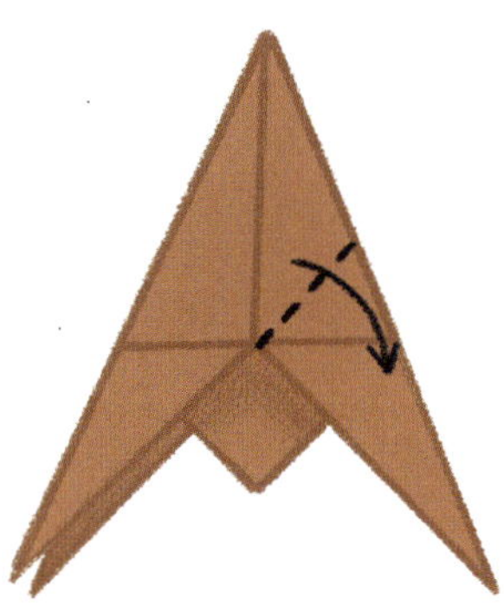

15 Falte die rechte vordere Spitze nach rechts, so wie auf der Abbildung. Öffne wieder.

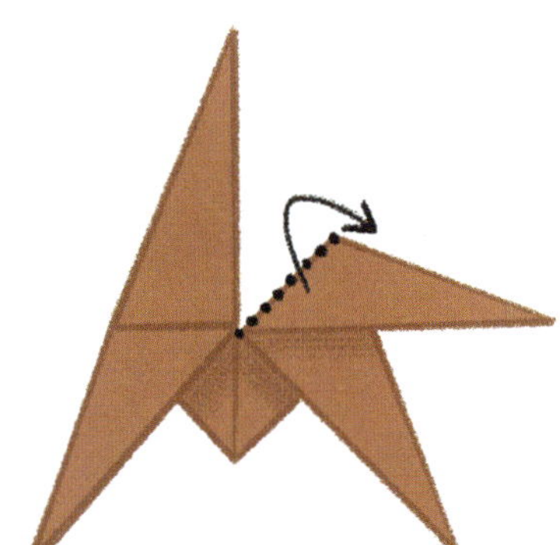

16 Falte sie nach hinten und öffne wieder. Dann führst du eine Gegenbruchfalte nach innen aus (siehe Seite 6): Das ist der Pferdeschweif.

Schwer ★★★

17 Falte die obere Spitze nach links und öffne wieder.

18 Nun faltest du sie nach hinten und öffnest wieder. Führe eine Gegenbruchfalte nach innen aus: Das ist der Pferdekopf.

19 Für das Maul faltest du das Ende der Spitze erst nach rechts und öffnest wieder.

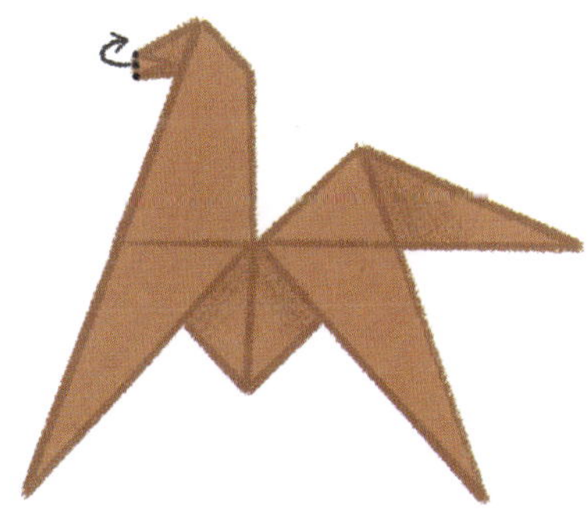

20 Dann faltest du es nach hinten und öffnest wieder. Führe eine Gegenbruchfalte nach innen aus.

21 So sieht dein fertiges Origami-Pferd aus. Es kann sogar in die Luft springen: Wirf es einfach am Schweif in die Luft, dann schlägt es einen Salto und landet wieder sicher auf den Hufen – meistens jedenfalls!

Huhn mit Ei

Der Bauer braucht Eier. Kannst du dieses schöne Origami-Huhn falten, das ein richtiges Papier-Ei legt? Du brauchst dafür eine Schere. Kikeriki!

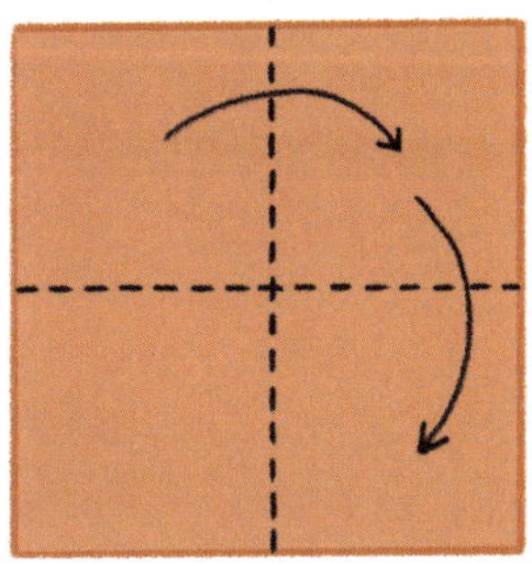

1 Lege dein Papier so hin wie auf der Abbildung. Falte in der Mitte nach unten und öffne wieder. Dann falte in der Mitte nach rechts und öffne wieder.

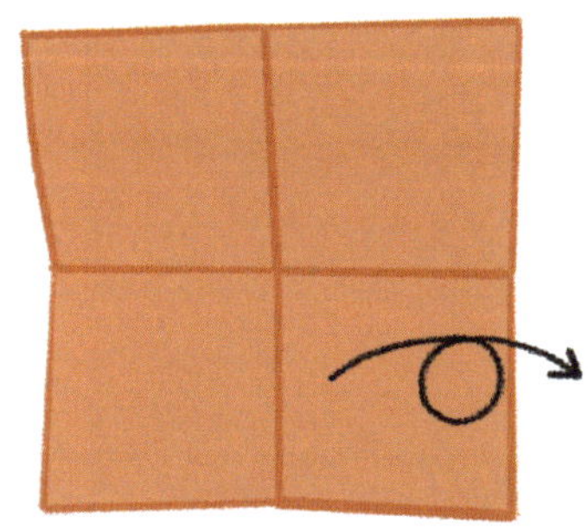

2 So soll die Form nun aussehen. Nun wende sie.

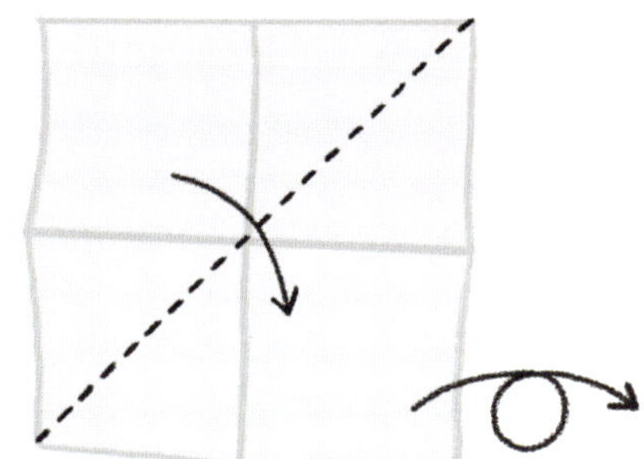

3 Du faltest in der Diagonalen nach rechts unten. Öffne wieder und wende die Form noch einmal.

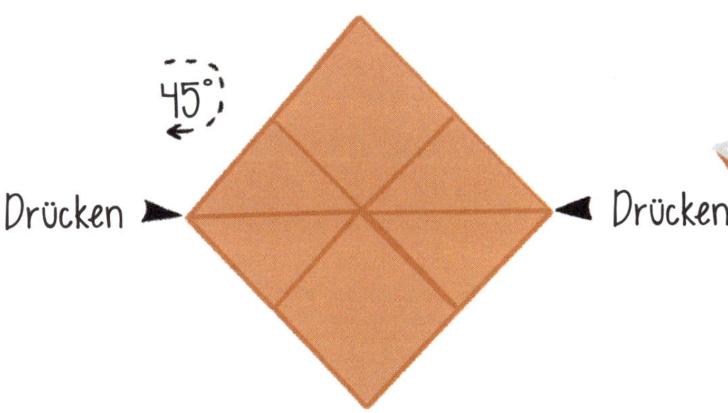

4 Nun drehst du die Form um 45° nach rechts. Der diagonale Falz, der in Schritt 3 entstanden ist, liegt nun waagerecht. Dann drückst du gegen die beiden Ecken links und rechts.

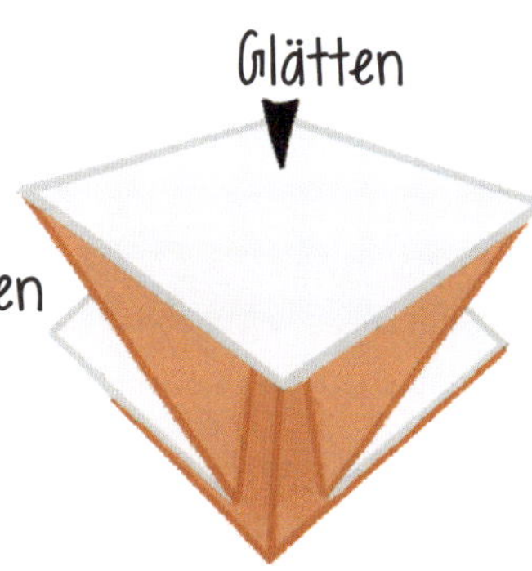

5 Dabei faltet sich die Form von selbst zu einem kleinen Quadrat zusammen – so wie auf der Abbildung. Glätte die Form.

6 So soll die Form aussehen. Drehe sie um 180° – die offene Ecke weist nun nach oben.

Schwer ★★★

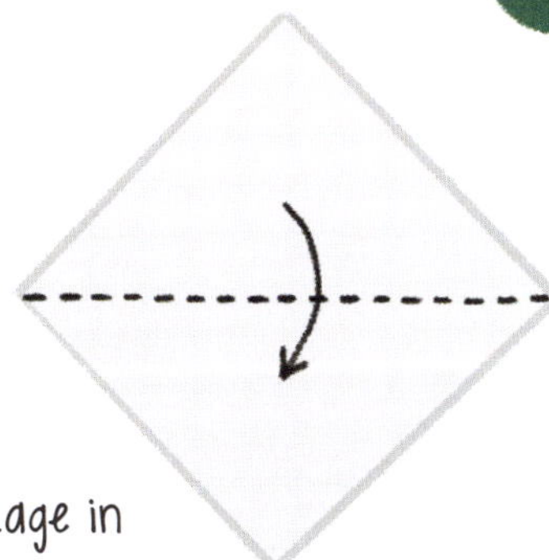

7 Falte die oberste Lage in der Mitte nach unten.

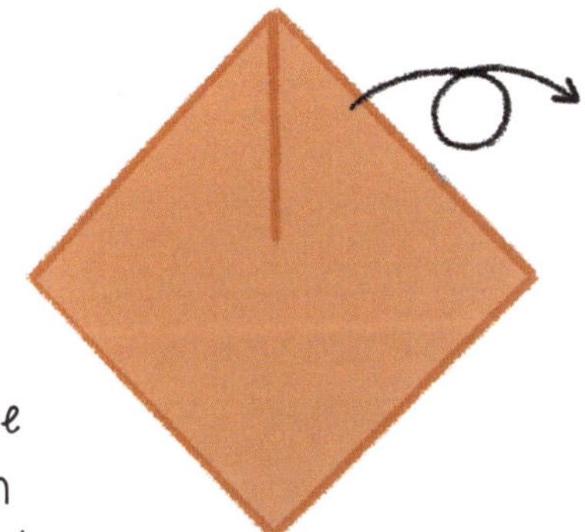

8 So soll die Form nun aussehen. Wende sie.

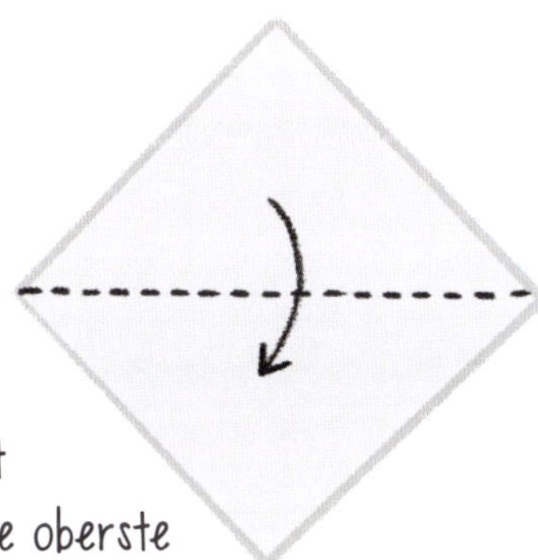

9 Du faltest wieder die oberste Lage in der Mitte nach unten.

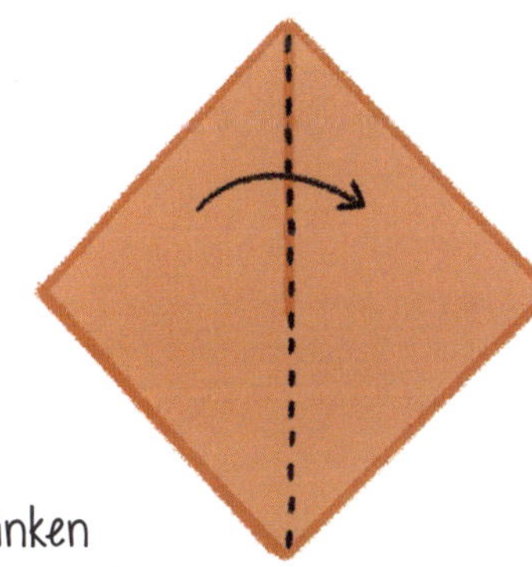

10 Falte den linken vorderen Flügel nach rechts.

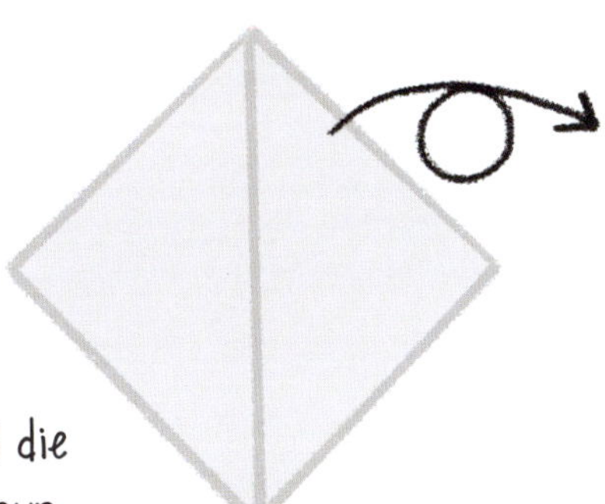

11 So soll die Form nun aussehen. Wende sie und wiederhole Schritt 10.

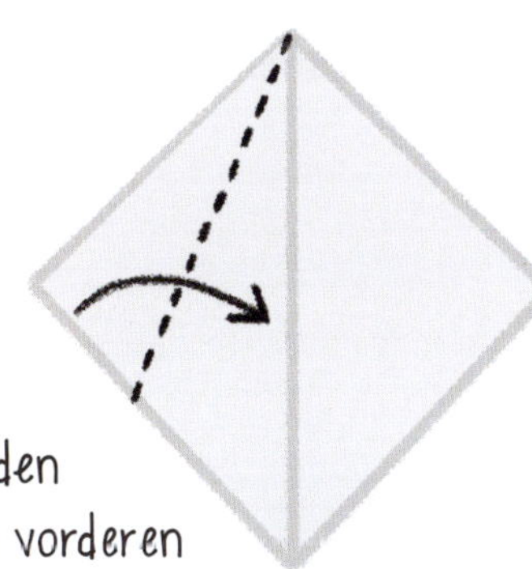

12 Falte den linken vorderen Flügel auf den Mittelfalz.

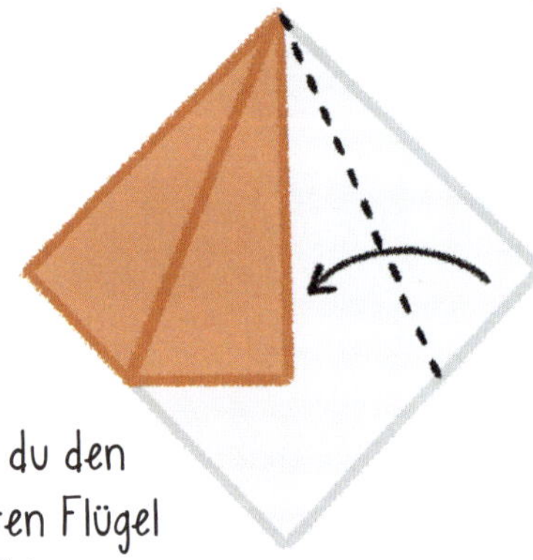

13 Nun faltest du den rechten vorderen Flügel auf den Mittelfalz.

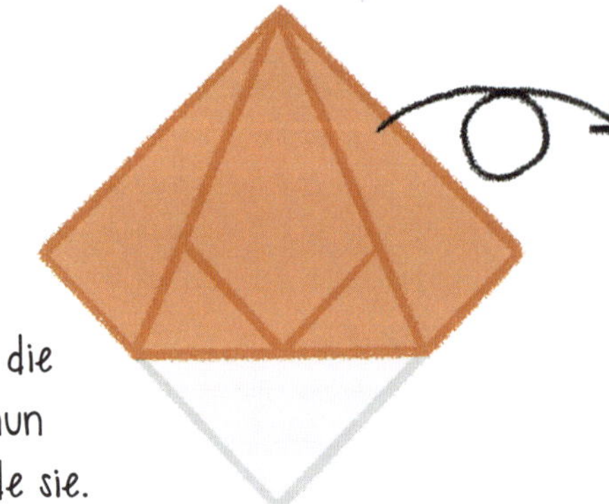

14 So soll die Form nun aussehen. Wende sie.

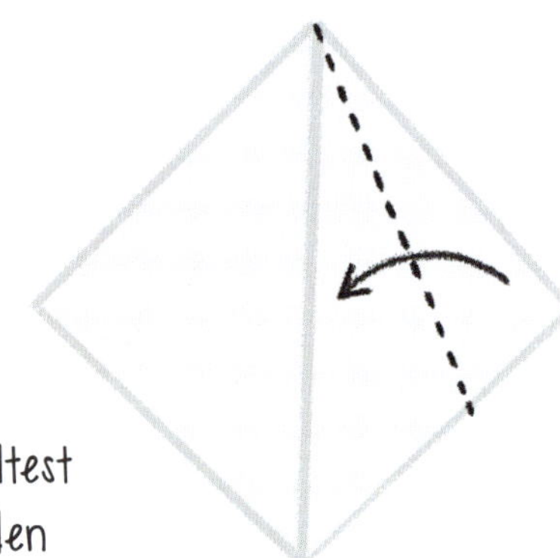

15 Du faltest erst den rechten Flügel auf den Mittelfalz, ...

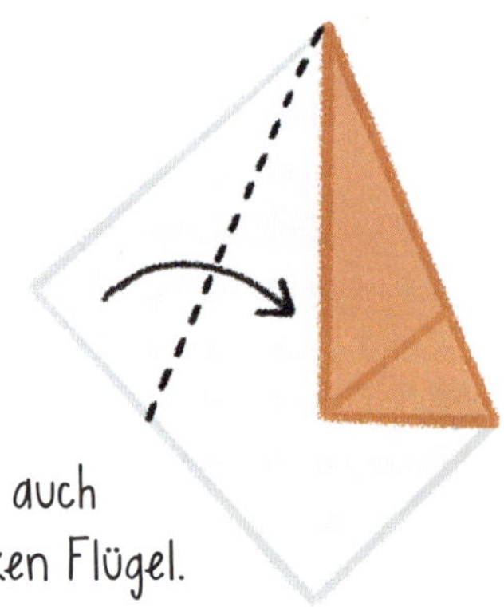

16 ... dann auch den linken Flügel.

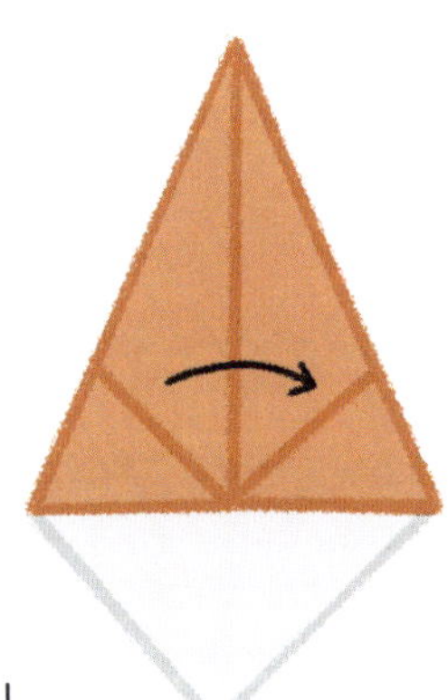

17 Falte den linken vorderen Flügel nach rechts.

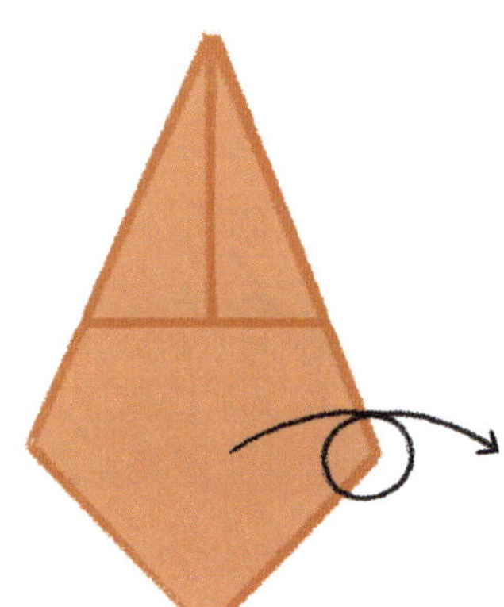

18 So soll die Form nun aussehen. Wende sie.

Schwer ★★★

19 Wiederhole Schritt 17 auf dieser Seite. Dann wende die Form noch einmal.

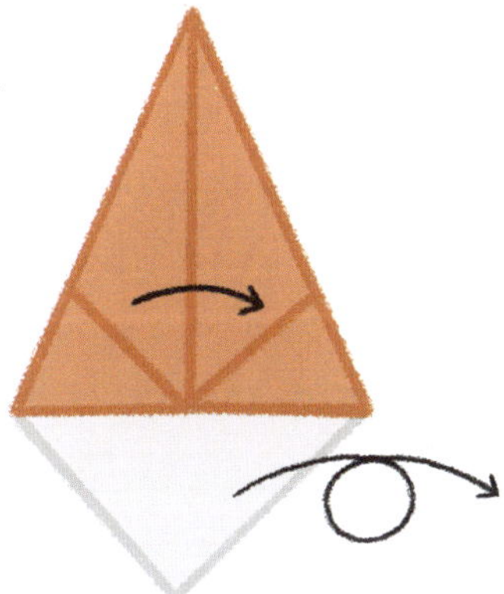

20 So soll die Form nun aussehen – die beiden getrennten Spitzen weisen nach oben. Für die Schwanzfedern faltest du die rechte Spitze nach unten und öffnest wieder.

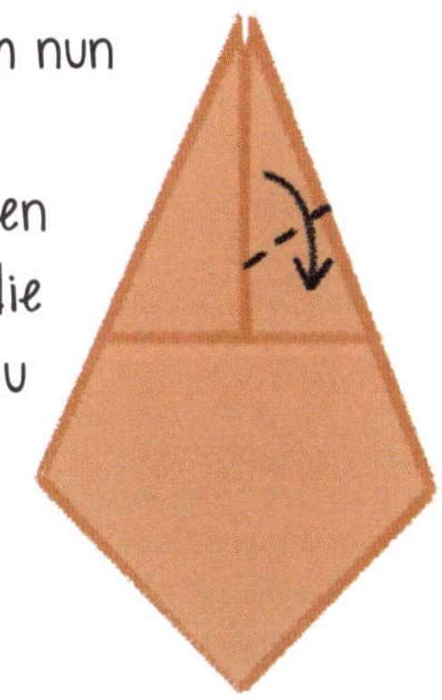

21 Falte die Spitze nach hinten und öffne wieder. Führe nun eine Gegenbruchfalte nach innen (siehe Seite 6) aus.

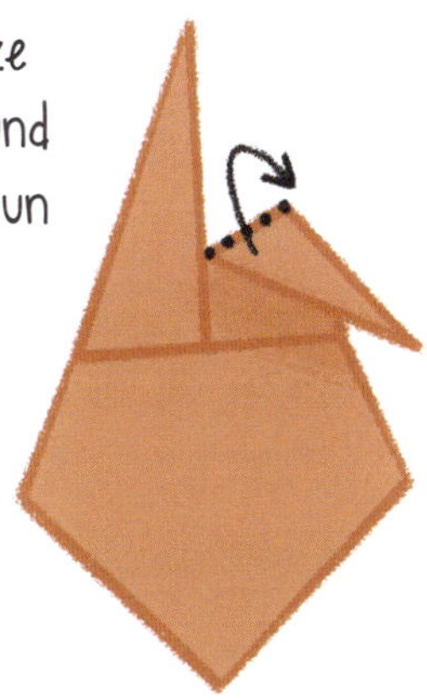

22 Öffne die beiden Flügel rechts. Falte die Schwanzspitze nach hinten und stecke sie in die Tasche, die bei Schritt 21 entstanden ist.

23 So soll die Form nun aussehen. Glätte sie.

24 Für den Kopf faltest du die Spitze nach links, so wie auf der Abbildung. Entfalte wieder.

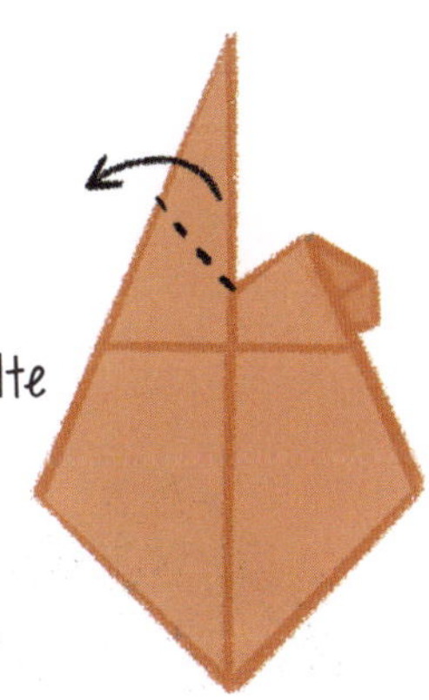

25 Nun falte die Spitze nach hinten und öffne wieder. Du führst eine Gegenbruchfalte nach innen aus.

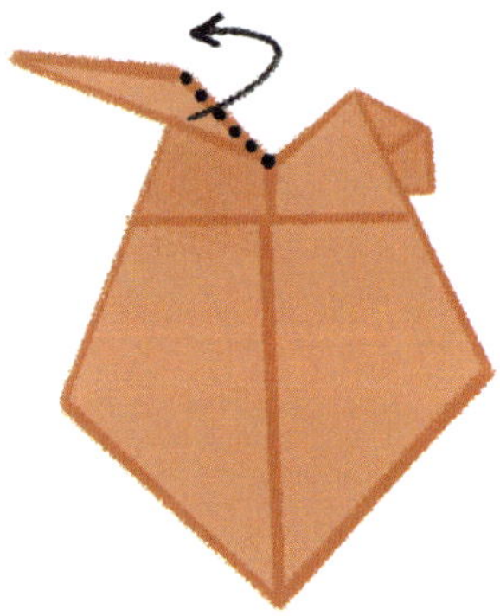

26 So soll die Form nun aussehen. In einer zweiten Gegenbruchfalte nach innen stülpst du die Spitze in die entgegengesetzte Richtung: Das ist der Kopf.

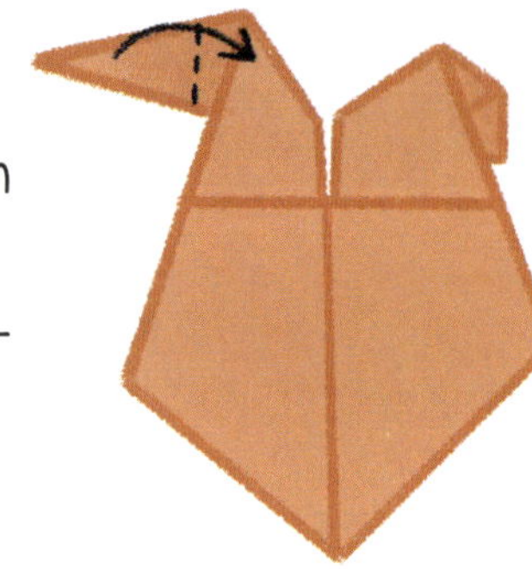

27 In einer dritten Gegenbruchfalte nach innen stülpst du die Spitze noch mal in die entgegengesetzte Richtung: Das ist der Schnabel.

28 So soll die Form nun aussehen. Falte die oberste Lage der Ecke nach oben.

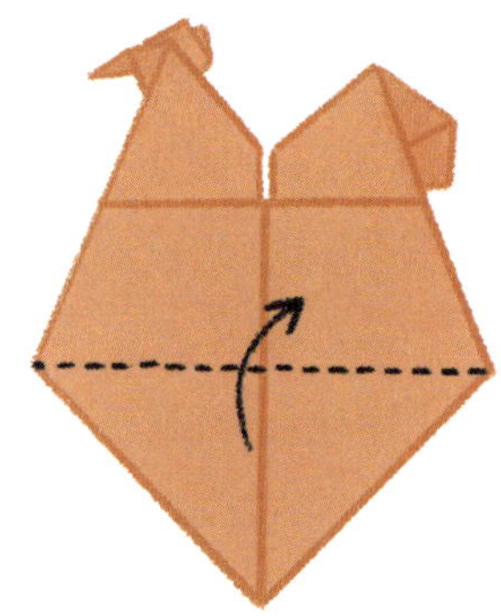

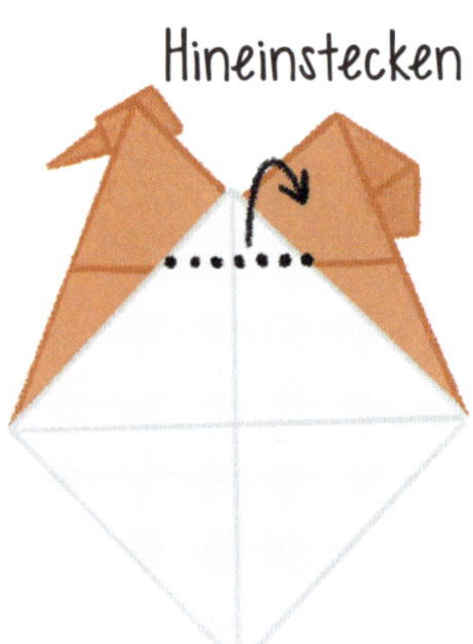

29 Stecke die Spitze in die Tasche.

30 Schneide die Spitze mit der Schere ab – etwa auf halber Höhe zwischen dem Falz, der bei Schritt 28 entstanden ist, und der untersten Spitze.

31 Nun hast du zwei zusätzliche Stücke Papier.

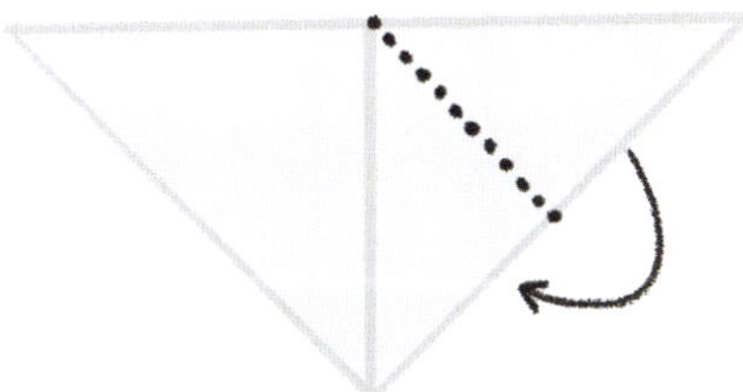

32 Nimm das größere abgeschnittene Stück und falte den rechten vorderen Flügel nach hinten.

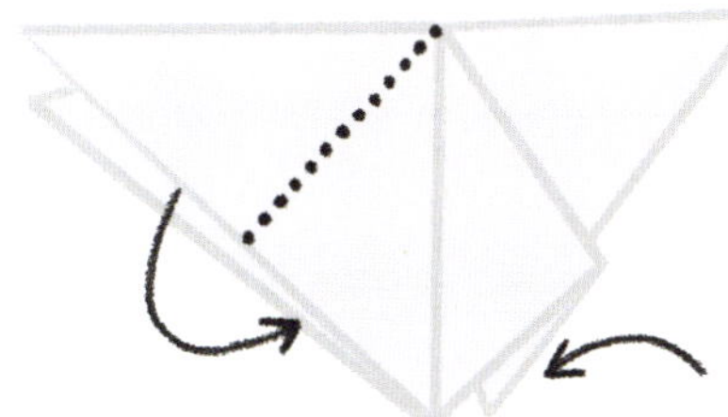

33 Du streichst den Falz gut aus. Dann faltest du den linken vorderen Flügel nach hinten.

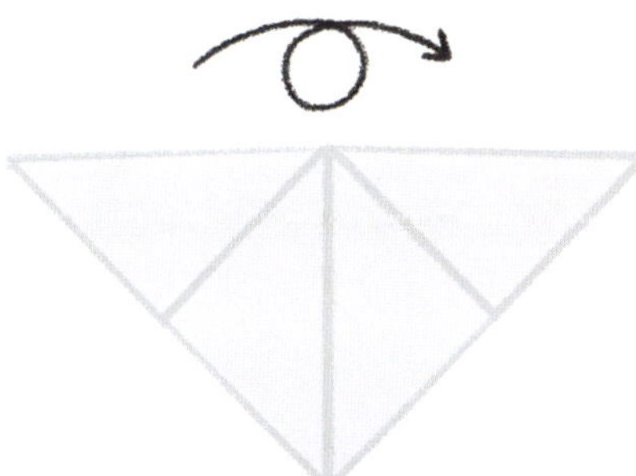

34 So soll die Form nun aussehen. Wende sie und wiederhole Schritt 32 und 33 auf dieser Seite.

35 So soll die Form nun aussehen: Das ist das Ei.

36 Nun schiebst du das Origami-Ei oben in die Öffnung, die sich in der Mitte des Huhns befindet. Wenn du die Flügel hin- und herbewegst, fällt das Ei unten heraus!

Kuh

Kühe stehen auf der Weide und lassen sich saftiges grünes Gras schmecken. Für deine Origami-Kuh brauchst du zwei Blatt Papier. Muuh!

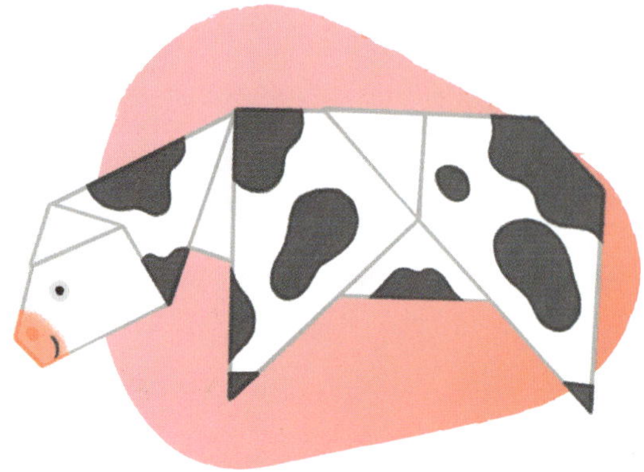

Zuerst der Kopf!

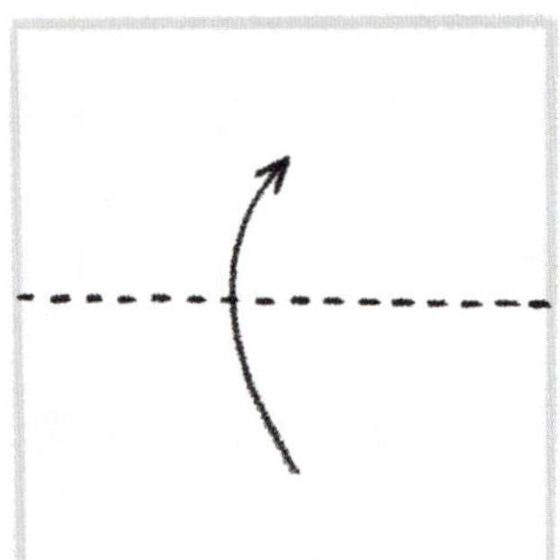

1 Lege dein Papier wie abgebildet hin. Falte in der Mitte nach oben und öffne wieder.

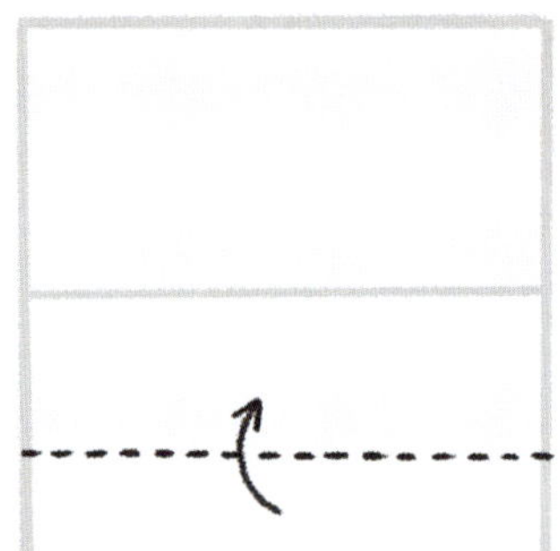

2 Du faltest erst die untere Kante auf den Mittelfalz, …

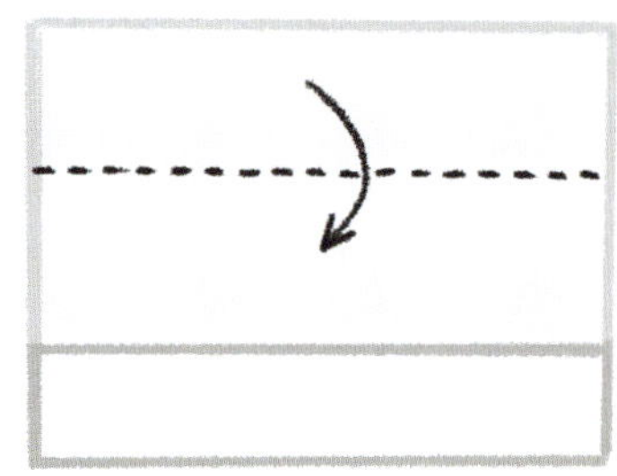

3 … dann die obere Kante.

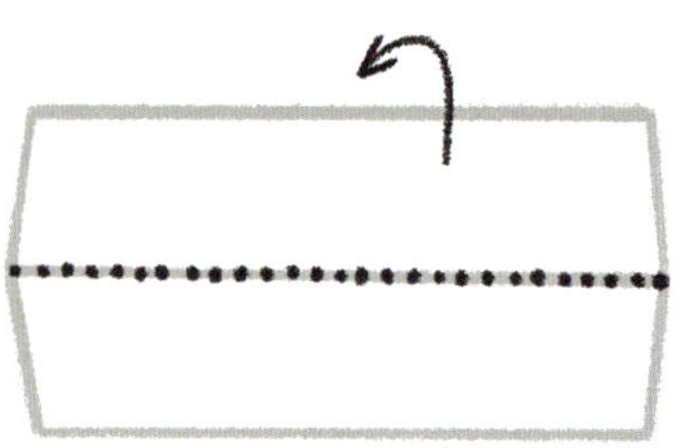

4 Nun faltest du in der Mitte nach hinten.

5 Falte den vorderen Flügel der Ecke nach oben, so wie auf der Abbildung, und öffne wieder.

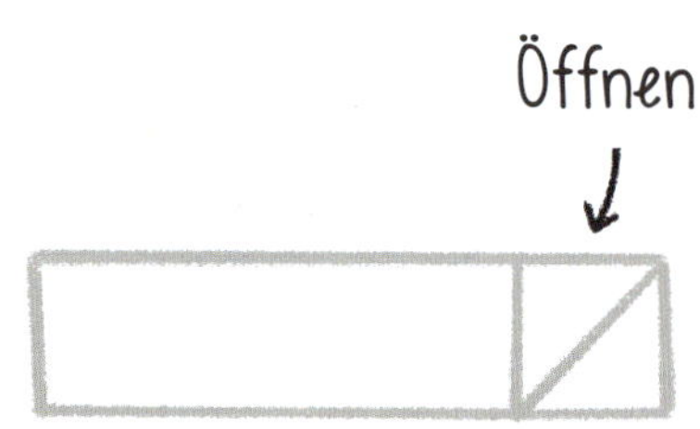

6 An der Ecke rechts oben greifst du die oberste Lage und ziehst sie nach links.

Mittel ★★

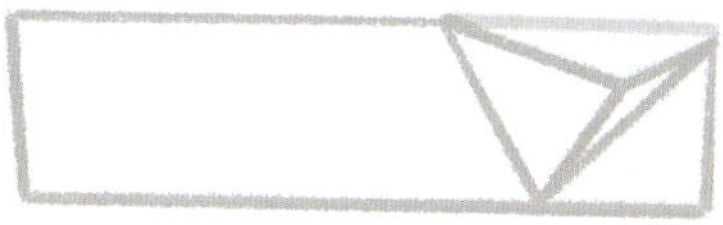

7 Dabei bildet sich eine dreieckige Tasche.

8 Glätte die Form.

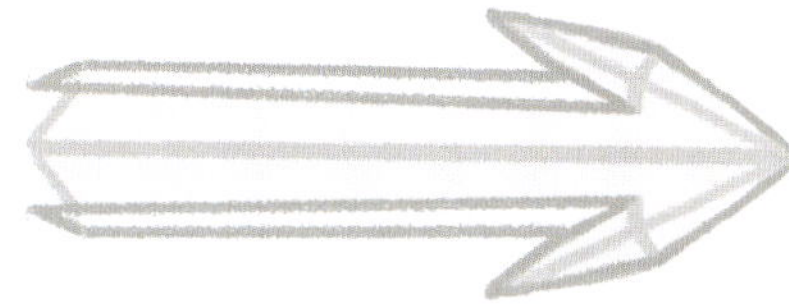

9 Wiederhole Schritt 5 bis 8 auf der Rückseite. So sieht die Form dann von oben aus.

Detail des Mauls

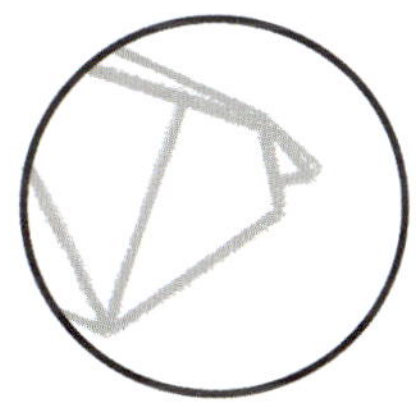

10 Du legst die Form so hin, dass die offene Seite nach oben weist. Falte die Spitze nach links und öffne wieder.

11 Falte sie nach hinten und öffne wieder. Führe eine Gegenbruchfalte nach innen (siehe Seite 6) aus: Das ist das Maul.

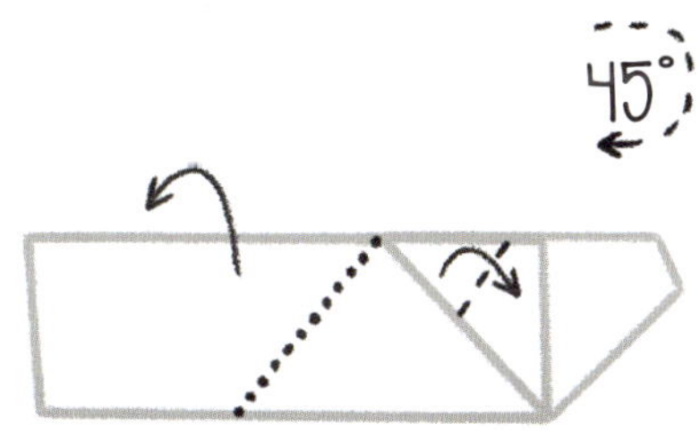

12 Für das Ohr faltest du die linke Spitze der Tasche nach rechts. Wiederhole das auf der Rückseite. Falte den linken Teil der Form nach hinten und drehe sie um 45° nach rechts.

13 Du faltest die untere Ecke nach oben und öffnest wieder.

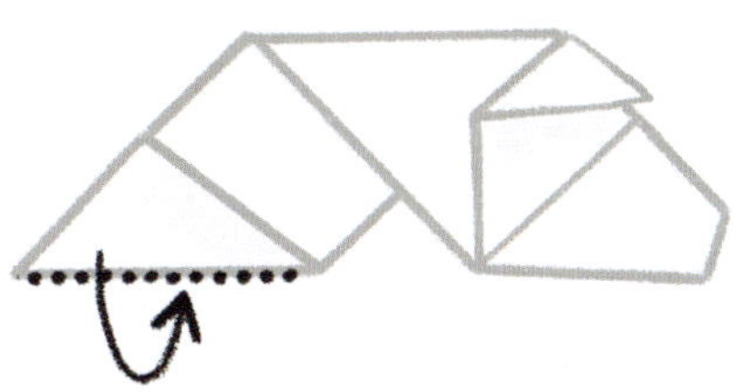

14 Falte nach hinten und öffne. Schiebe einen Finger zwischen die Lagen und setze eine Gegenbruchfalte nach innen.

15 So sollte die Form nun aussehen. Die Ecke, die du bei Schritt 13 gefaltet hast, befindet sich nun zwischen den Lagen.

Dann der Körper!

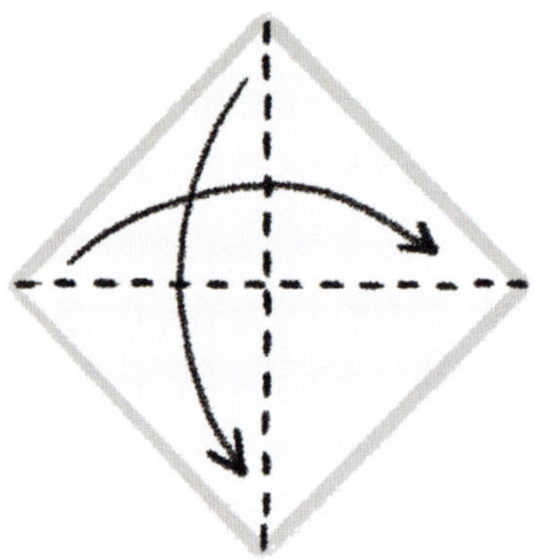

16 Lege dein zweites Papier so hin, dass eine Ecke nach oben weist. Falte in beiden Diagonalen und öffne wieder.

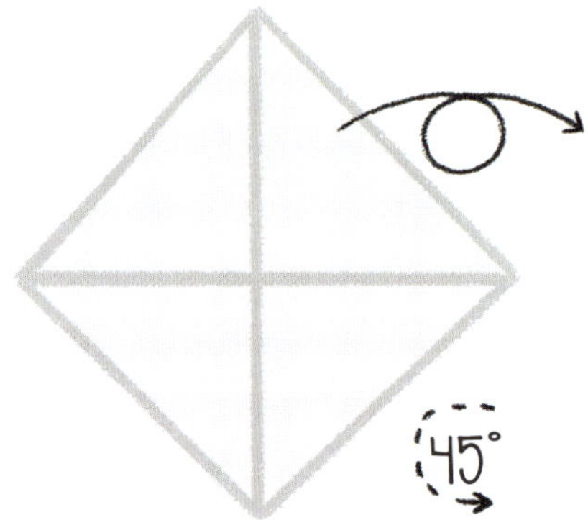

17 So sollte die Form nun aussehen. Wende sie und drehe sie um 45°: Eine Kante weist nach oben.

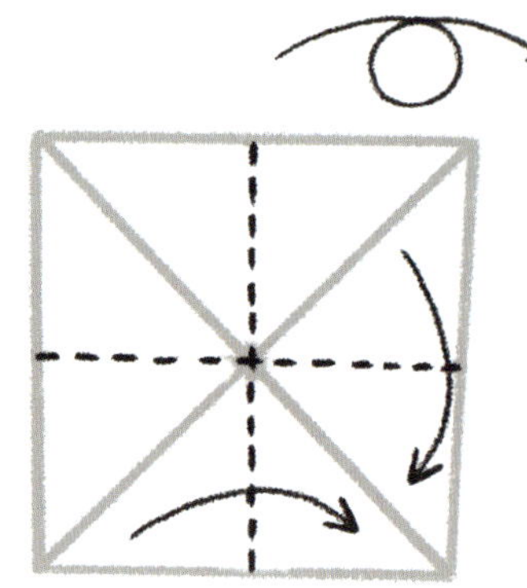

18 Falte in der Mitte nach unten und öffne wieder. Danach faltest du in der Mitte nach rechts und öffnest wieder. Wende die Form.

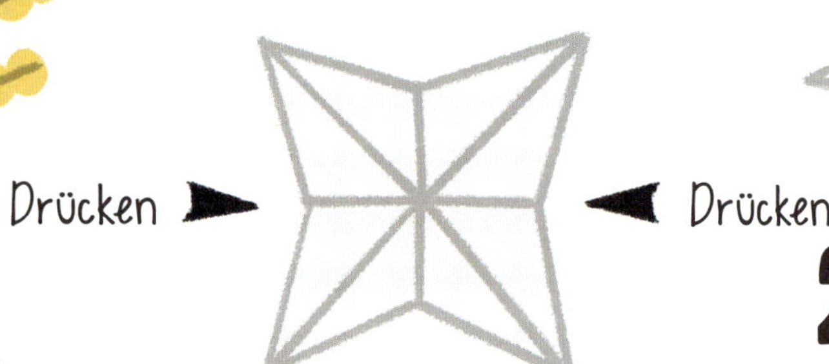

19 Drücke nun gegen die beiden Kanten links und rechts. Dabei schieben sich die Seiten hoch.

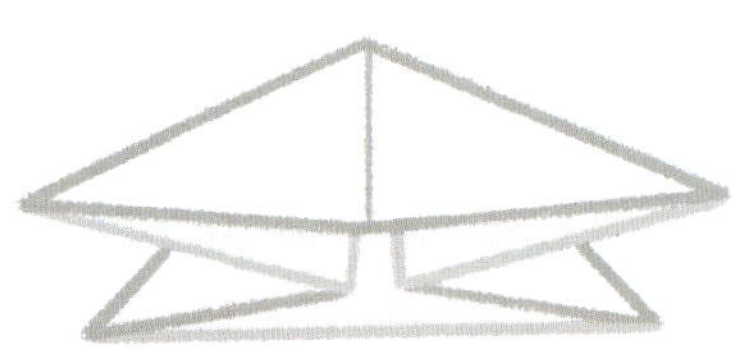

20 Führe die rechte und linke Kante zusammen und ziehe erst die unteren Ecken, dann die oberen Ecken nach außen.

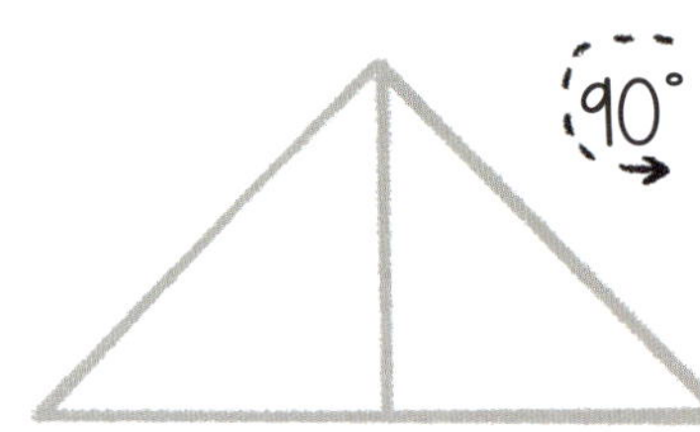

21 Glätte die Form und drehe sie um 90° nach links.

Mittel ★★

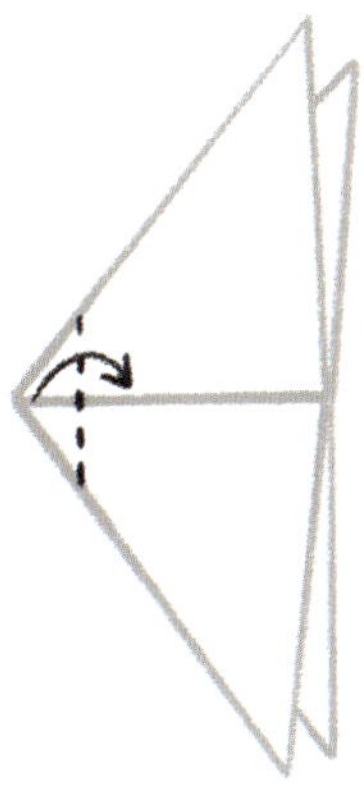

22 Du faltest die Spitze nach rechts.

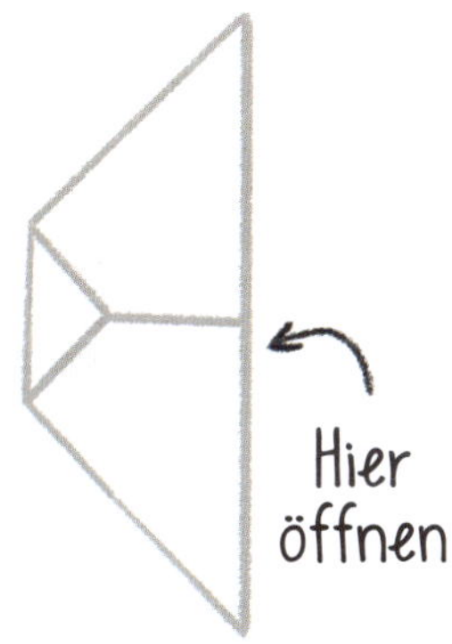

23 Greife die oberste Lage der rechten Kante und ziehe sie vorsichtig nach links.

24 Ziehe die Form weiter auf. Dabei bildet sich unter und über dem Mittelfalz jeweils eine dreieckige Tasche. Glätte die Form.

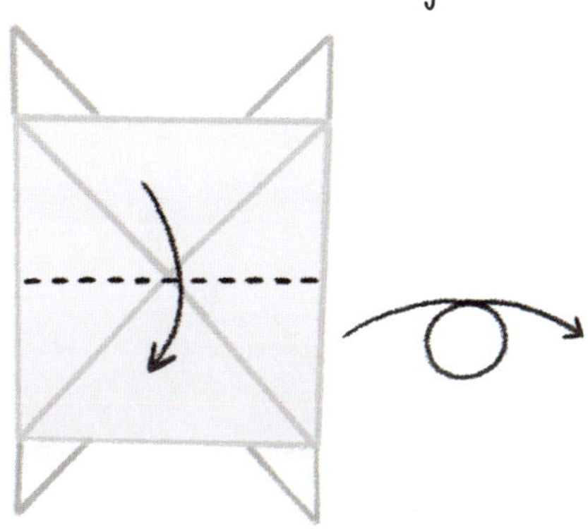

25 Du faltest in der Mitte nach unten. Wende die Form.

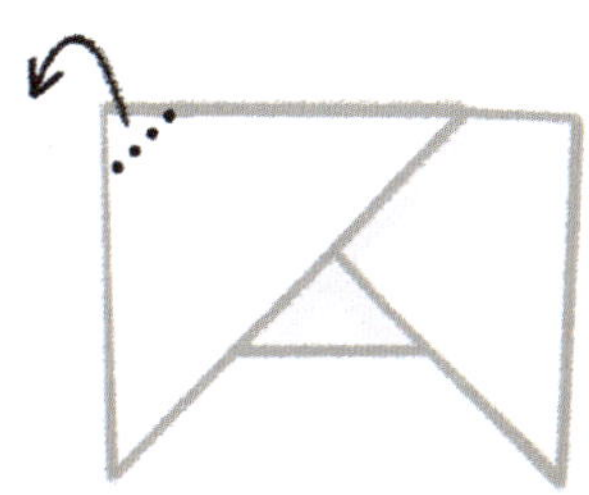

26 Falte die linke obere Ecke nach hinten und öffne wieder. Falte sie nach vorn und entfalte wieder. Führe dann eine Gegenbruchfalte nach innen aus: Das ist der Kuhkörper

Und nun stecke die Kuh zusammen!

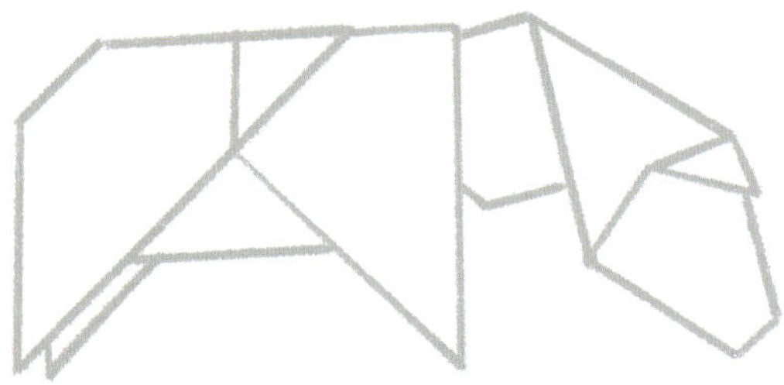

27 Stecke den Kopf fest in den Körper hinein.

28 Nun malst du deiner Kuh noch Augen, ein Maul, Hufe – und natürlich viele Flecken auf das Fell.

Auf dem Bauernhof

Ente

Im Teich tauchen die Enten kopfüber ins Wasser. Ihr Gefieder ist wasserabweisend – deshalb werden Enten nie nass. Quack, quack!

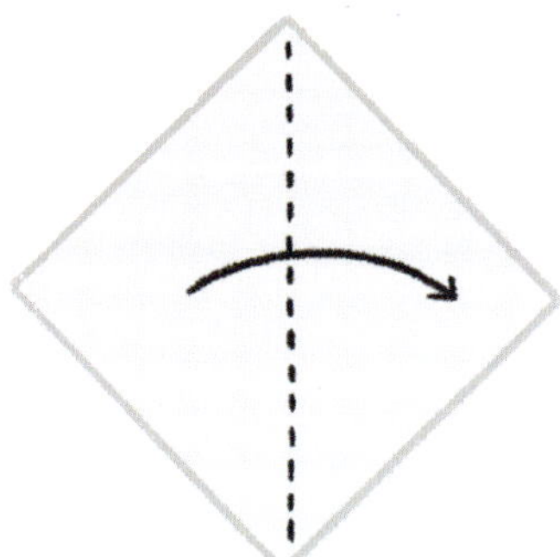

1 Lege dein Papier so hin, dass eine Ecke nach oben verweist. Falte in der Mitte und öffne wieder.

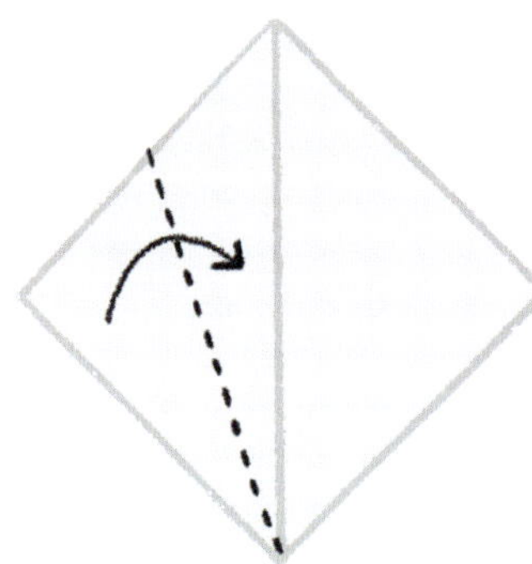

2 Du faltest erst die linke untere Kante auf den Mittelfalz, ...

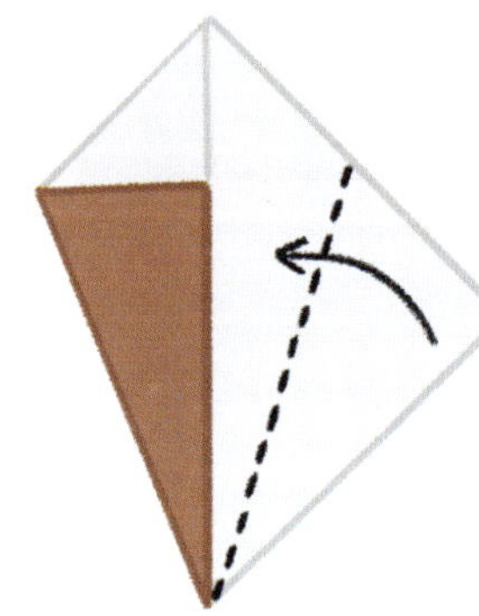

3 ... dann die rechte untere Kante.

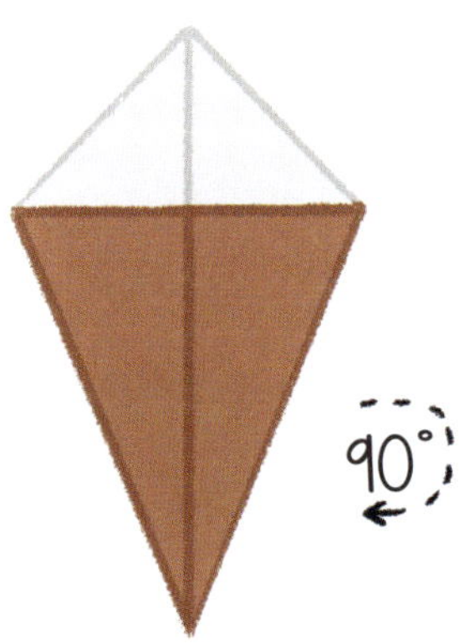

4 So sollte die Form nun aussehen. Drehe sie um 90° nach rechts.

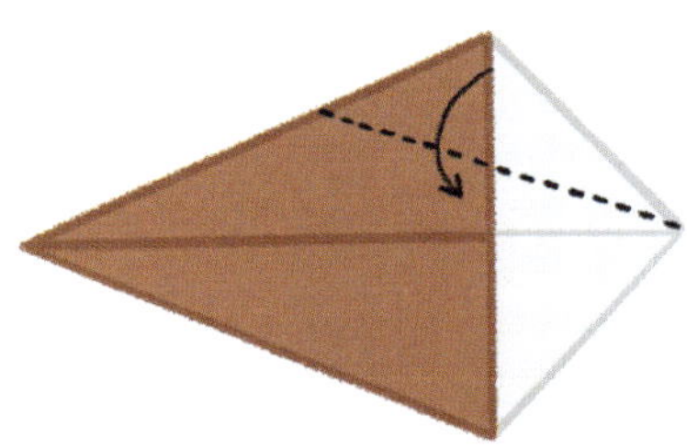

5 Falte erst die obere rechte Kante auf den Mittelfalz ...

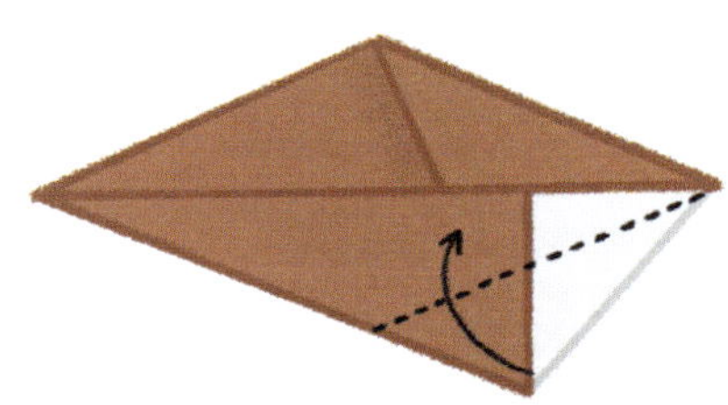

6 ... und dann die untere rechte Kante.

7 Du faltest in der Mitte nach hinten.

Leicht ★

8 Falte die linke Spitze nach hinten und öffne wieder. Falte sie nach vorn und entfalte wieder.

9 Du führst eine Gegenbruchfalte nach innen (siehe Seite 6) aus: Das ist der Hals.

10 Falte die rechte Spitze nach hinten und öffne wieder. Dann falte sie nach vorn und öffne wieder.

11 Führe eine Gegenbruchfalte nach innen aus: Das sind die Schwanzfedern.

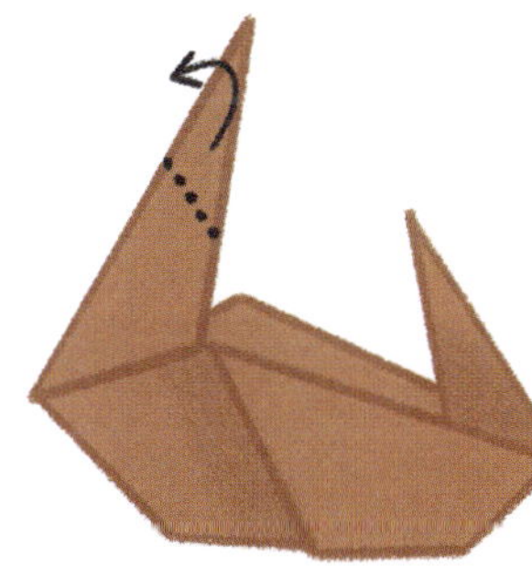

12 Falte die linke obere Spitze nach hinten und öffne wieder. Falte sie nach vorn und öffne wieder.

13 Jetzt führst du eine Gegenbruchfalte nach innen aus: Das ist der Kopf.

14 Male deiner Origami-Ente noch Federn, Flügel, Augen und einen Schnabel!

Entenküken

Hier faltest du ein kleines Küken zu deiner Origami-Ente. Entenfamilien sind groß. Falte am besten viele Geschwister für dein Entenküken!

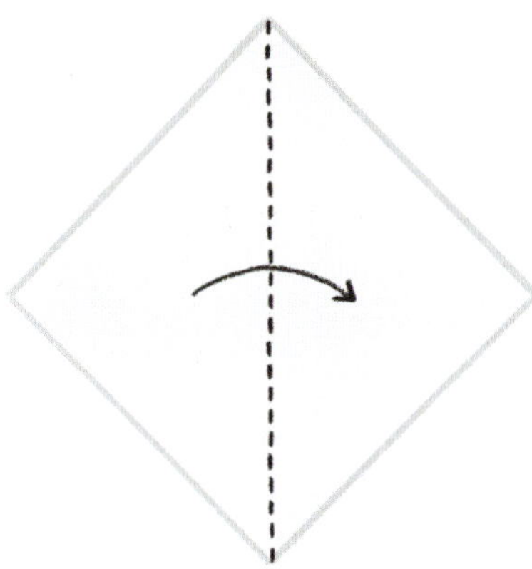

1 Lege dein Papier so hin wie auf der Abbildung. Falte in der Mitte nach rechts und öffne wieder.

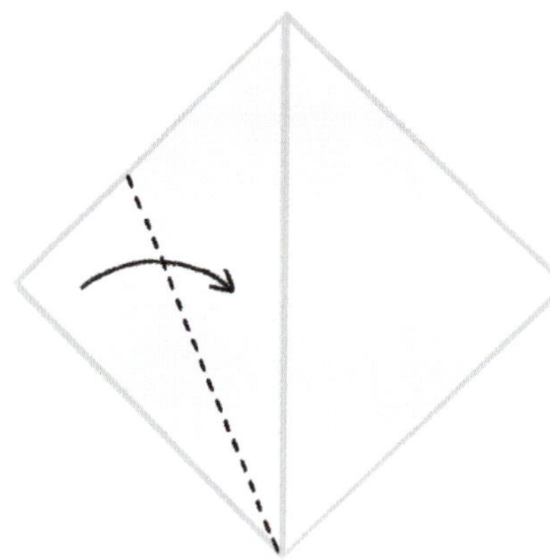

2 Erst faltest du die linke untere Kante auf den Mittelfalz, ...

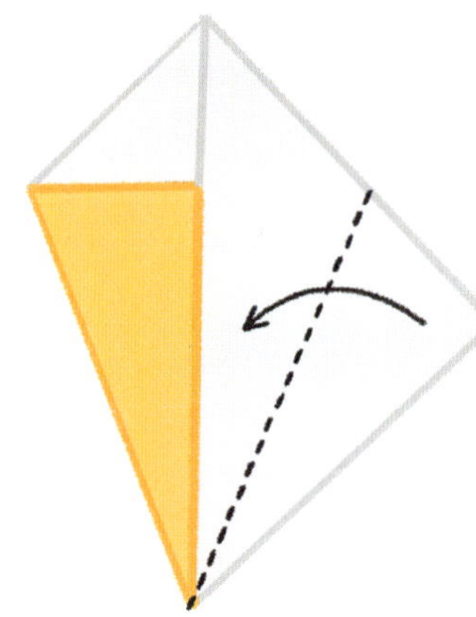

3 ... dann auch die rechte untere Kante.

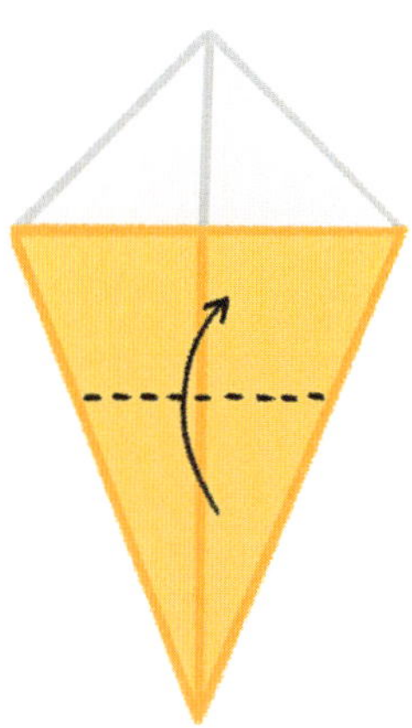

4 Falte die untere zur oberen Spitze.

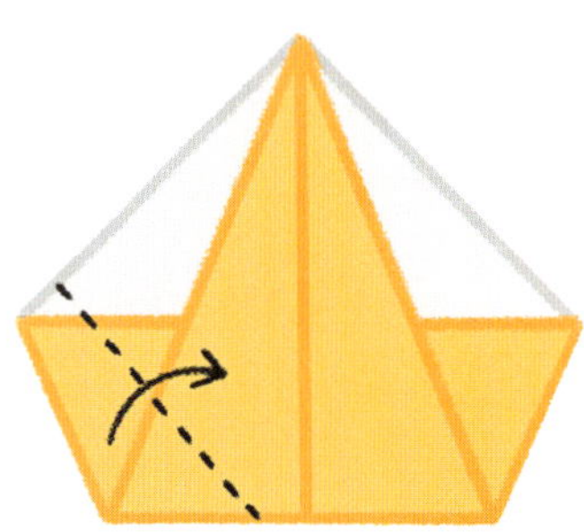

5 Du faltest erst die linke untere Kante auf den Mittelfalz, ...

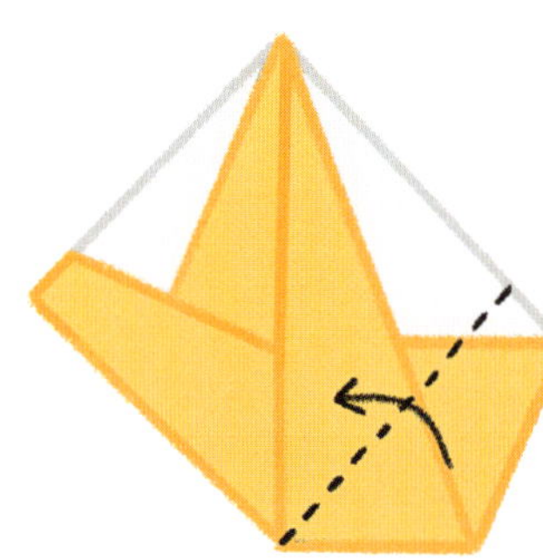

6 ... dann die rechte untere Kante.

Schwer ★★★

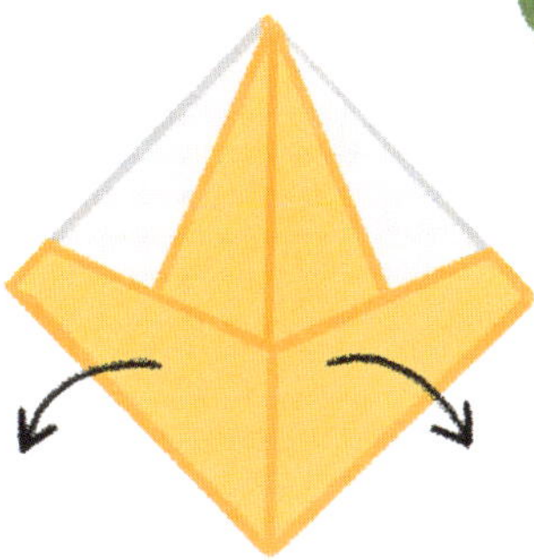

7 Öffne die Falze von Schritt 5 und 6 wieder.

8 Ziehe die Spitze, die bei Schritt 4 entstanden ist, zu dir hin.

9 So sollte die Form nun aussehen. Du drückst von außen gegen die Kanten der Spitze.

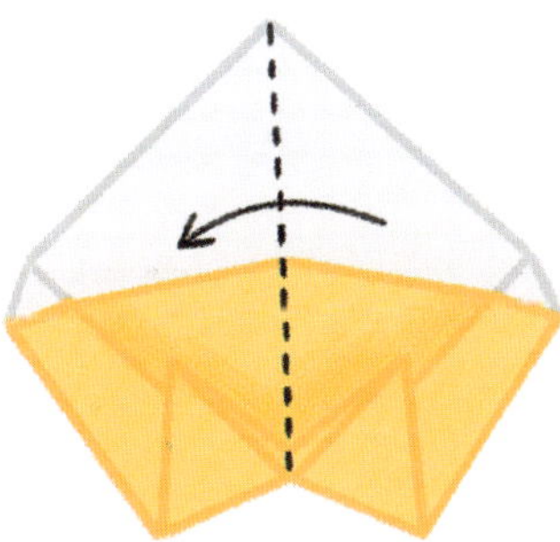

10 Wenn die Spitze genau zu dir hin weist, faltest du in der Mitte nach links.

11 Du faltest die obere Spitze diagonal nach unten und öffnest wieder.

12 Falte sie nach hinten und öffne wieder. Dann führst du eine Gegenbruchfalte nach innen (siehe Seite 6) aus.

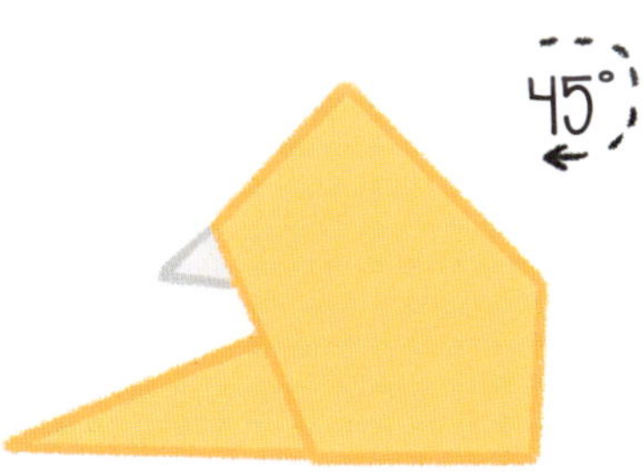

13 So sollte die Form nun aussehen. Drehe sie um 45° nach rechts.

14 Glätte die Form. Sie sollte aussehen wie auf der Abbildung. Falte den vorderen Flügel nach rechts.

15 Die Form sollte nun aussehen, wie in der Abbildung. Wende sie und falte den rechten Flügel nach links.

16 So sollte die Form nun aussehen. Falte die oberste Lage der Spitze nach links und öffne wieder.

17 Du faltest sie nach hinten und streichst den Falz gut aus. Wende die Form und wiederhole Schritt 16 und 17 auf dieser Seite.

18 Falte den vorderen Flügel der Ecke nach links und öffne wieder.

19 Nun faltest du ihn nach hinten und streichst den Falz gut aus. Wende die Form wieder und wiederhole Schritt 18 und 19 auf dieser Seite.

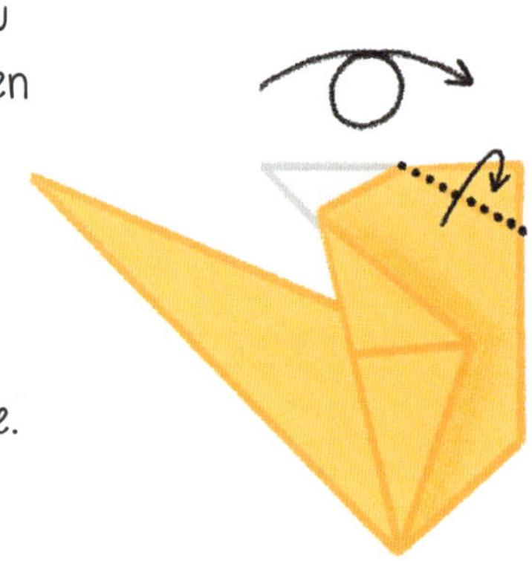

20 So soll die Form aussehen. Falte die rechte Spitze nach unten und öffne.

21 Falte sie nach hinten und führe eine Gegenbruchfalte nach außen (siehe Seite 6) aus.

Schwer ★★★

22 So sollte die Form nun aussehen. Glätte sie.

23 Falte die rechte Spitze nach links, so wie auf der Abbildung.

24 Du faltest das Ende der Spitze nun in die entgegengesetzte Richtung.

25 Führe an den Falzen von Schritt 23 und 24 zwei Gegenbruchfalten nach innen (siehe Seite 6) aus.

26 Dein Entenküken ist fast fertig! Öffne die Flügel, damit es auf dem Wasser das Gleichgewicht halten kann.

27 Mit Farbstiften malst du deinem Origami-Küken noch Federn, Augen und einen Schnabel.

Frosch

Frösche sonnen sich am liebsten auf Seerosenblättern im Teich. Der Origami-Frosch kann sogar sein Maul bewegen. Quaak, quaak!

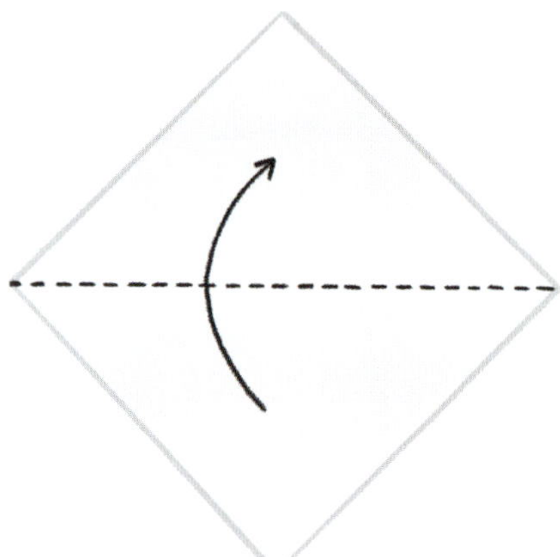

1 Lege dein Papier so hin, dass eine Ecke nach oben weist. Falte in der Mitte nach oben.

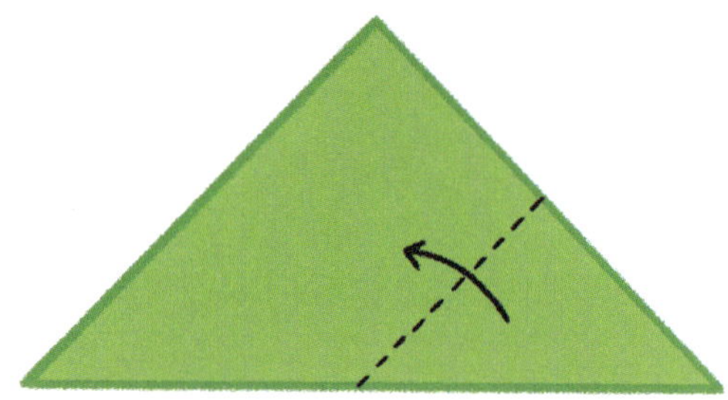

2 Du faltest erst die rechte Spitze nach oben, ...

3 ... dann auch die linke Spitze.

4 Danach faltest du in der Mitte nach rechts.

5 Öffne wieder.

Schwer

6 Wende die Form.

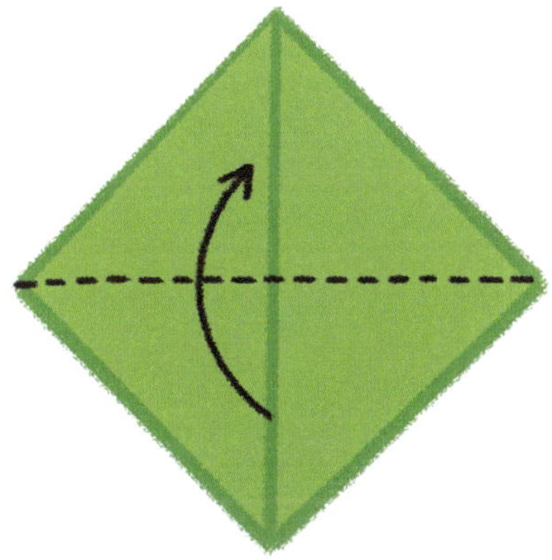

7 Falte in der Mitte nach oben ...

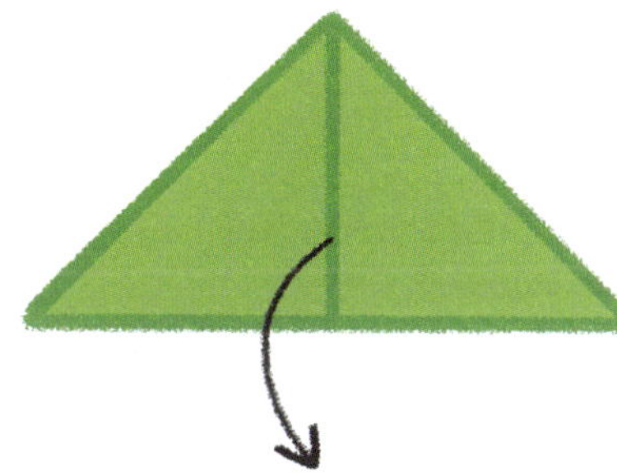

8 ... und öffne wieder.

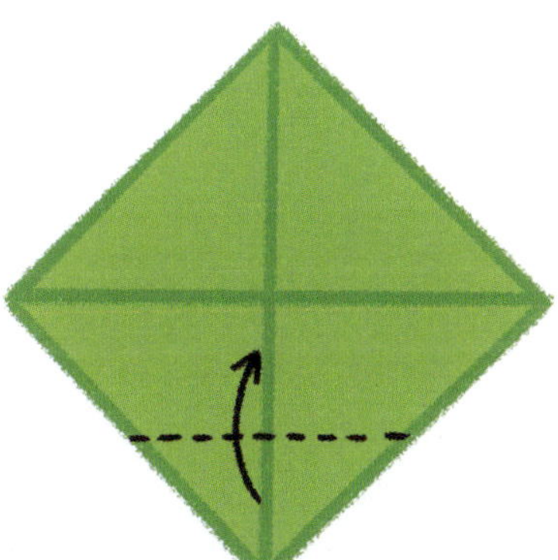

9 Du faltest erst die untere Ecke zur Mitte, ...

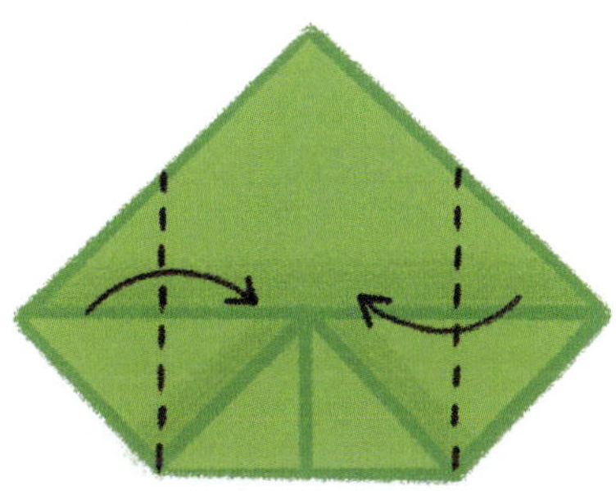

10 ... dann die linke und die rechte Ecke.

11 Falte die Ecke rechts oben zur Mitte, so wie in der Abbildung dargestellt.

12 So sollte die Form nun aussehen. Öffne den letzten Falz wieder.

13 Danach faltest du die Ecke oben links zur Mitte …

14 … und öffnest sie wieder.

15 Falte erst die Spitze des rechten Flügels auf die rechte Kante …

16 … und dann die Spitze des linken Flügels auf die linke Kante.

17 So sollte die Form nun aussehen. Wende sie.

Schwer

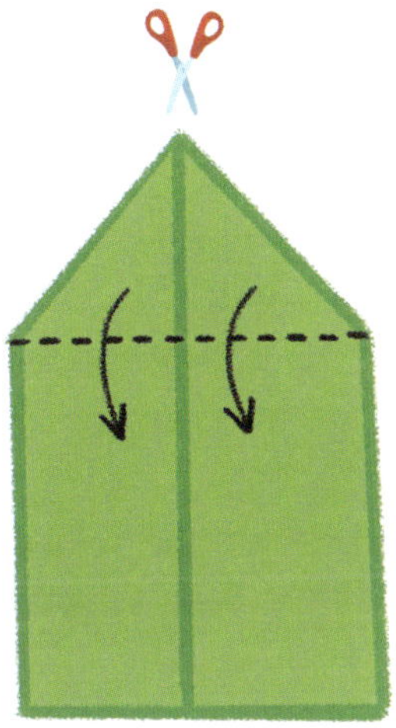

18 Schneide in der Mitte des oberen Flügels. Du faltest erst den vorderen linken Flügel nach unten, dann den vorderen rechten Flügel.

19 Falte den rechten Flügel in der Mitte nach rechts ...

20 ... und dann die Spitze in der Mitte nach links.

21 Falte die Spitze nach unten zur unteren Ecke des Dreiecks.

22 Öffne die Tasche, die bei Schritt 21 entstanden ist.

23 So soll die Form nun aussehen. Glätte sie.

24 Du faltest die oberste Lage nach oben: Das ist das erste Auge.

25 Nun wiederholst du Schritt 19 bis 24 mit dem linken Flügel: So entsteht das zweite Auge.

26 So sollte die Form nun aussehen. Wende sie.

27 Falte den unteren Flügel diagonal, indem du die rechte Kante auf die untere Kante führst.

28 Öffne den unteren Flügel wieder und falte ihn nun in der anderen Diagonalen: Dafür führst du die linke Kante auf die untere Kante.

29 So sollte die Form nun aussehen. Öffne den unteren Flügel wieder.

Schwer ★★★

30 Ziehe die Ecke des unteren Flügels hoch und drücke von außen gegen die Falze, die bei Schritt 27 und 28 entstandenist: Das sind die Füße.

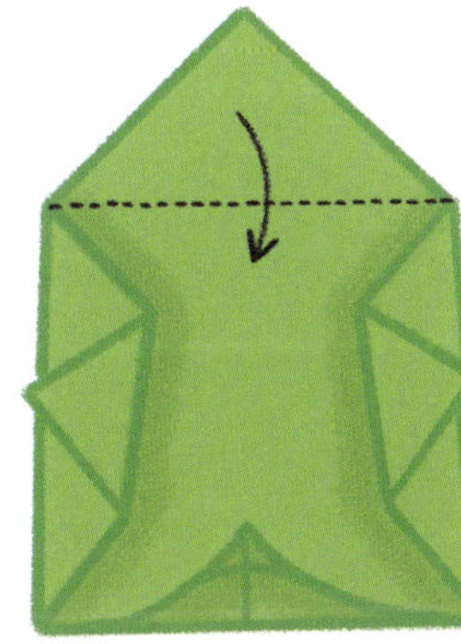

31 Für das Maul faltest du die oberste Lage der Ecke nach unten, ohne den Falz auszustreichen. Runde die Ecke nur etwas, sodass sie nach unten weist: Das ist der Unterkiefer.

32 Falte die zweite Ecke nach unten, ohne den Falz auszustreichen, und glätte sie zu einer Rundung. Dann faltest du die Augen hoch.

33 Drücke gegen die Seiten – dann bewegt sich der Frosch!

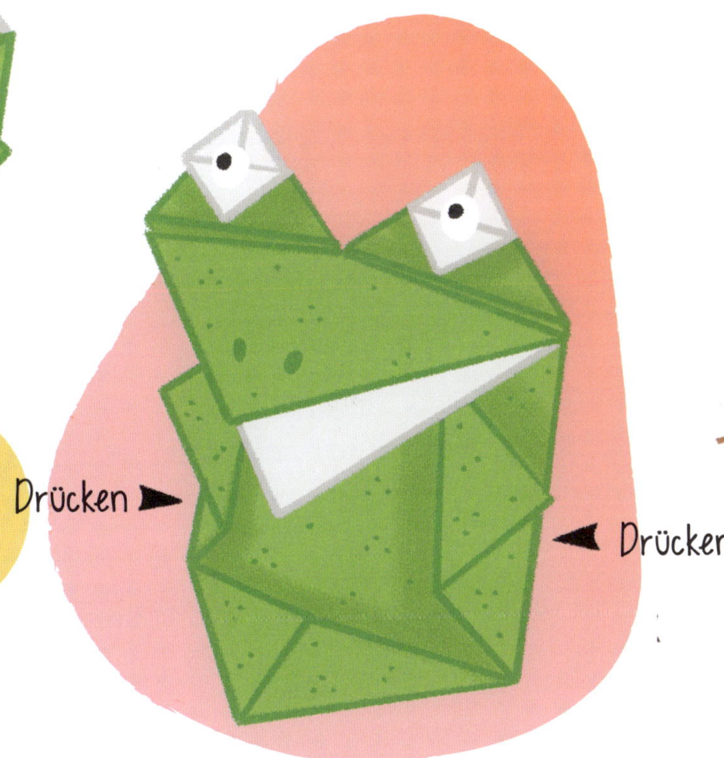

Goldfisch

Was schwimmt denn da im Teich? Im Wasser leuchtet es so schön golden. Das ist der Origami-Goldfisch. Blubb, blubb!

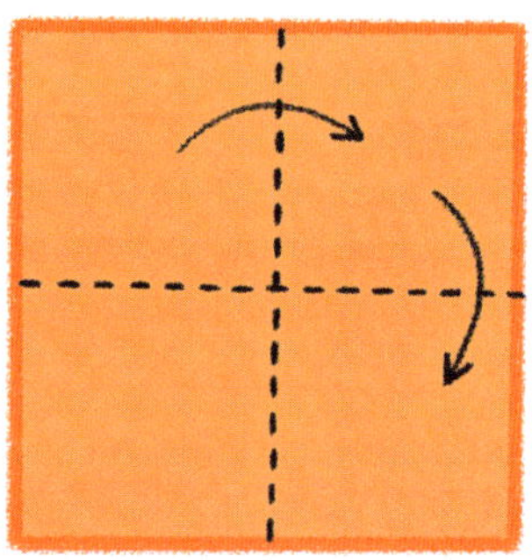

1 Lege dein Papier so hin wie in der Abbildung. Falte in der Mitte nach unten und öffne wieder, falte dann nach rechts und öffne wieder.

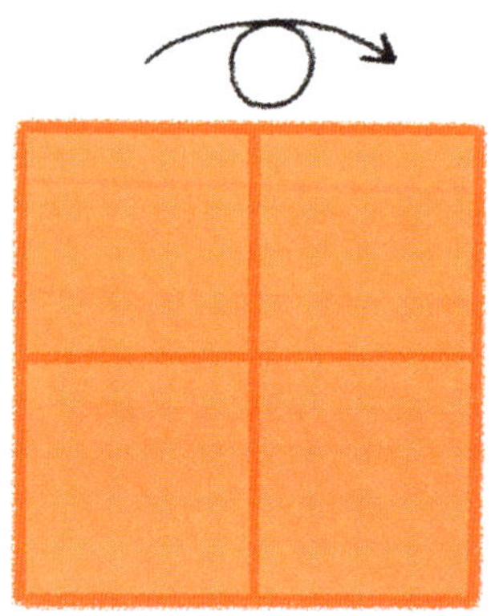

2 Danach wendest du die Form.

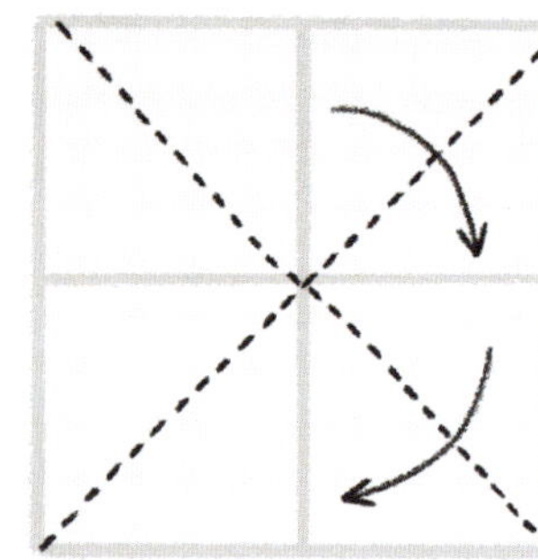

3 Falte in beiden Diagonalen und öffne wieder.

4 Drücke gegen die beiden Kanten links und rechts.

5 Dabei schieben sich die Seiten von selbst nach oben.

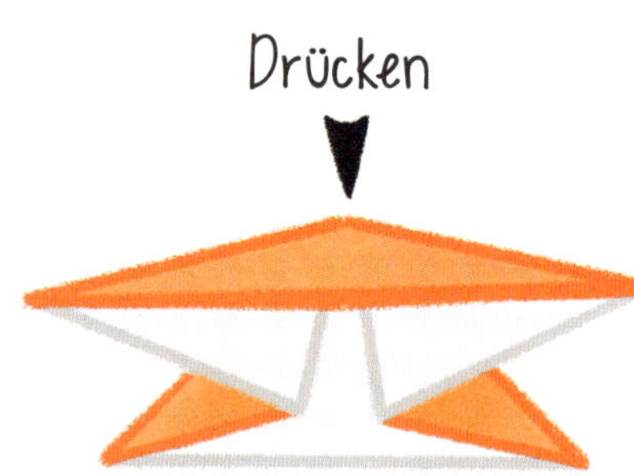

6 Führe die rechte und linke Kante zusammen. Glätte die Form.

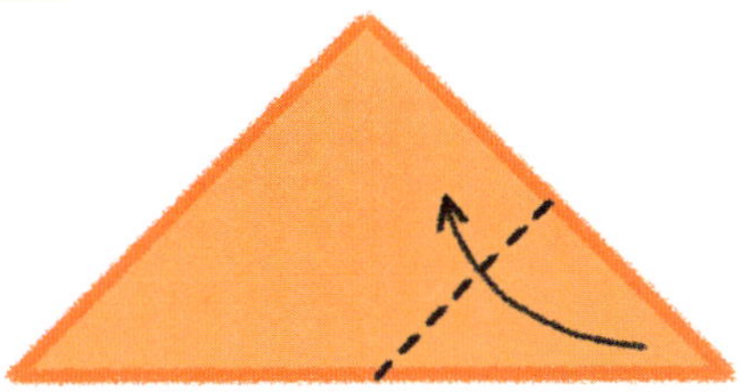

7 Falte erst den rechten vorderen Flügel nach oben, ...

8 ... dann den linken vorderen Flügel. In der Mitte der Form entsteht ein Quadrat.

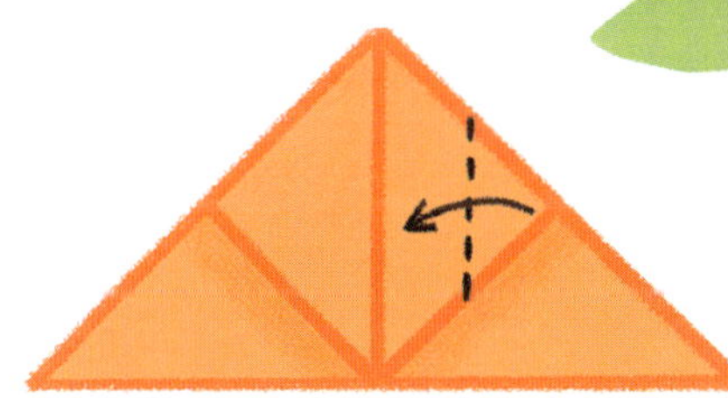

9 Du faltest erst die rechte Ecke des Quadrats auf den Mittelfalz, ...

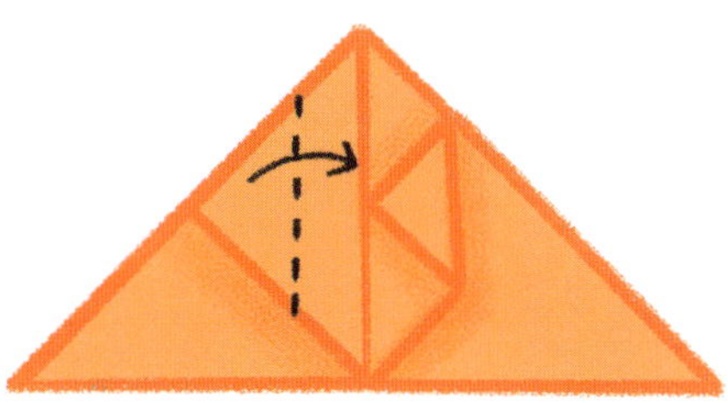

10 ... dann die linke Ecke.

11 Falte erst den vorderen Flügel der rechten Spitze nach unten, ...

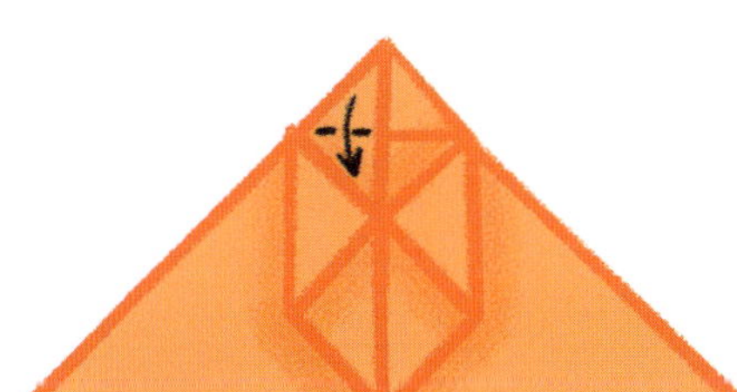

12 ... dann den vorderen Flügel der linken Spitze.

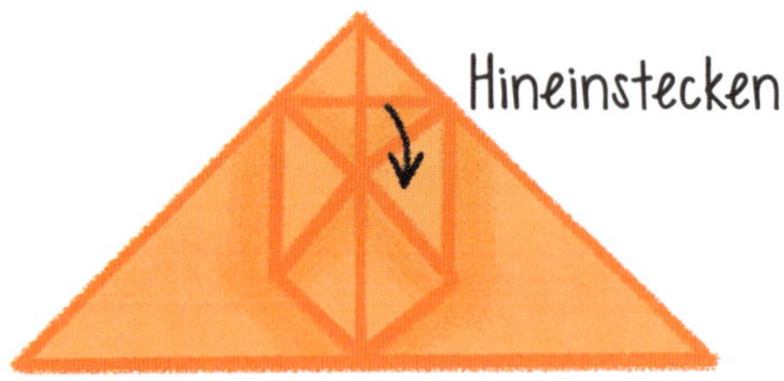

13 Stecke die Spitze von Schritt 11 in die Tasche, die bei Schritt 9 entstanden ist.

14 Schiebe immer weiter, bis die Spitze ganz in der Tasche verschwunden ist.

15 Stecke die Spitze von Schritt 12 in die Tasche, die bei Schritt 10 entstanden ist.

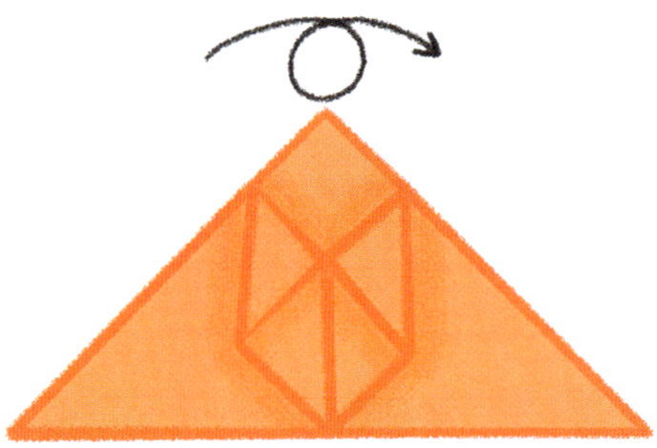

16 So soll die Form nun aussehen. Wende sie.

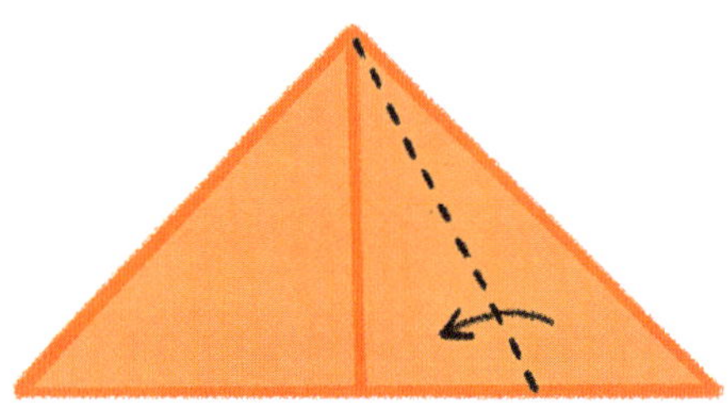

17 Du faltest erst die rechte Kante auf den Mittelfalz, …

18 … dann auch die linke Kante.

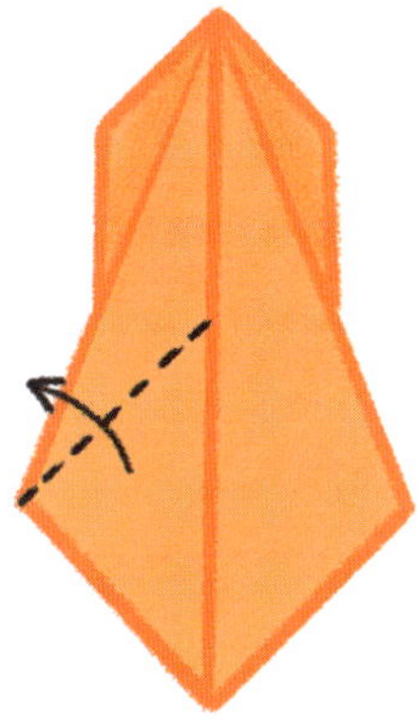

19 Falte die linke untere Spitze nach links, so wie auf der Abbildung.

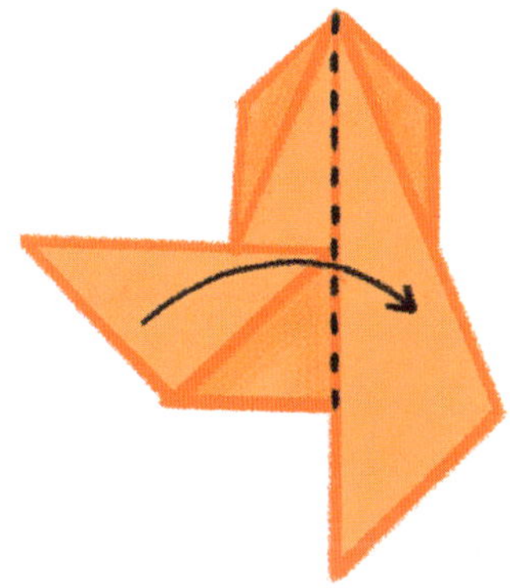

20 Dann faltest du den linken Flügel nach rechts. Glätte die Form.

21 Um die flache Form in einen richtigen Fisch zu verwandeln, bläst du vorsichtig in das Loch: Dann rundet sich die Form.

22 Wenn der Fisch aufgeblasen ist, male ihm Schuppen, Flossen und ein Gesicht.

Welpe

Der Welpe spielt auf dem Bauernhof mit seinen vielen Origami-Freunden. Wuff, wuff!

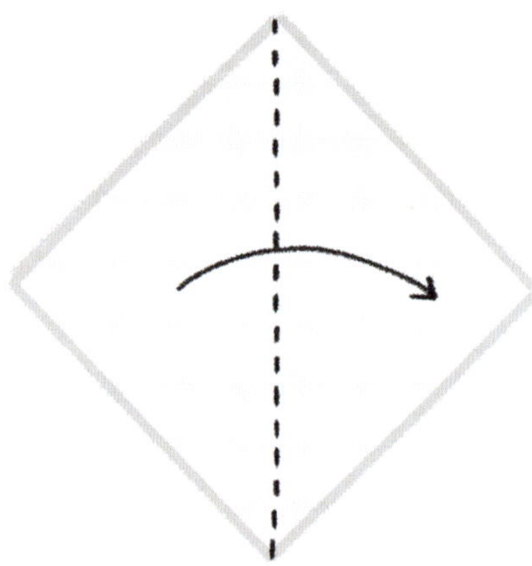

1 Lege dein Papier so hin wie auf der Abbildung. Falte in der Mitte nach rechts und öffne wieder.

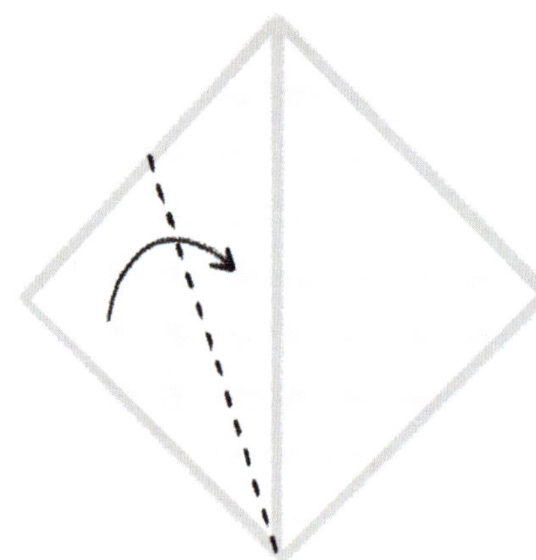

2 Du faltest erst die linke untere Kante auf den Mittelfalz, ...

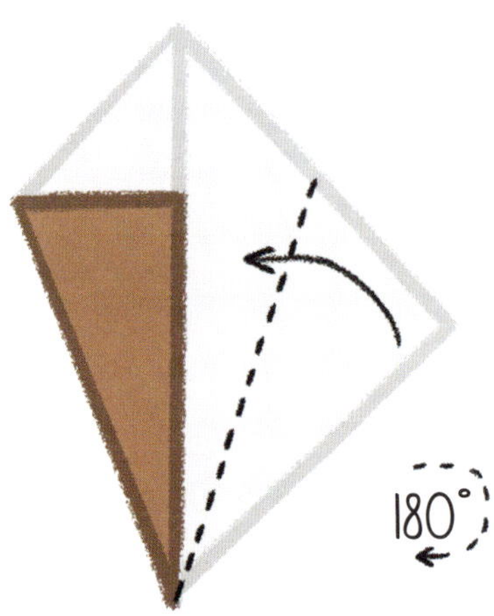

3 ... dann die rechte untere Kante. Danach drehst du die Form um 180°.

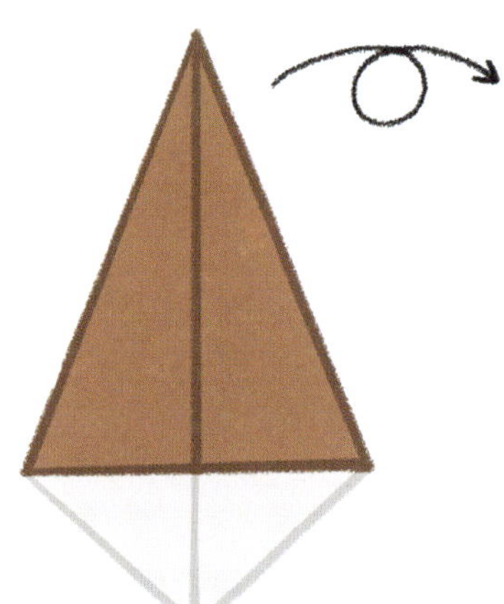

4 So sollte die Form aussehen. Wende sie.

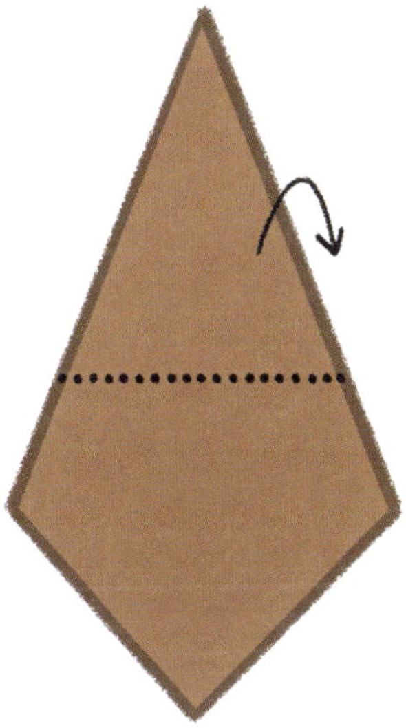

5 Du faltest in der Mitte nach hinten.

6 Die Form sollte nun so aussehen. Öffne wieder.

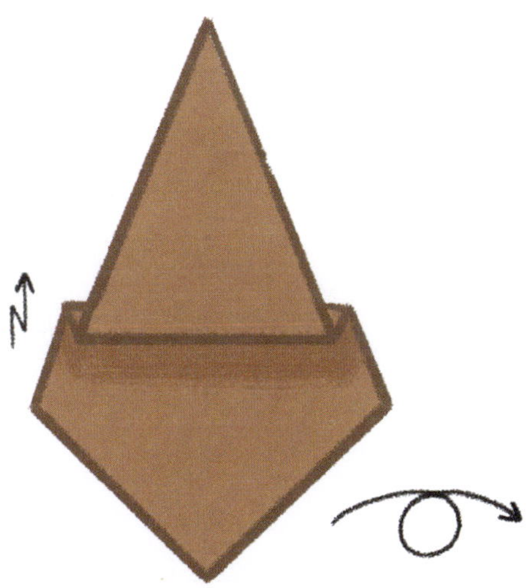

7 Etwas unterhalb des Falzes, der im letzten Schritt entstanden ist, faltest du die Spitze nach unten. Wende die Form.

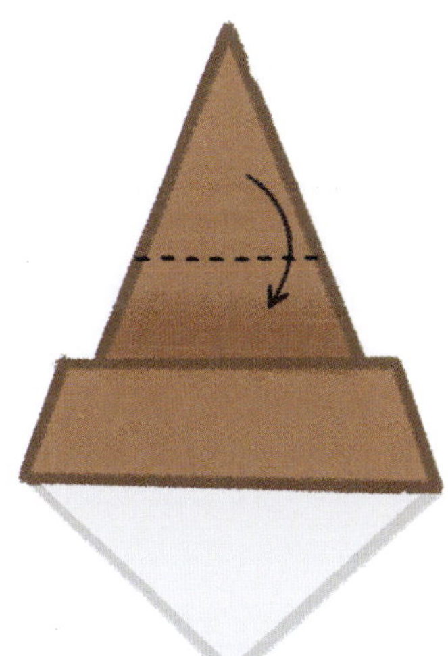

8 Dann faltest du die Spitze nach unten.

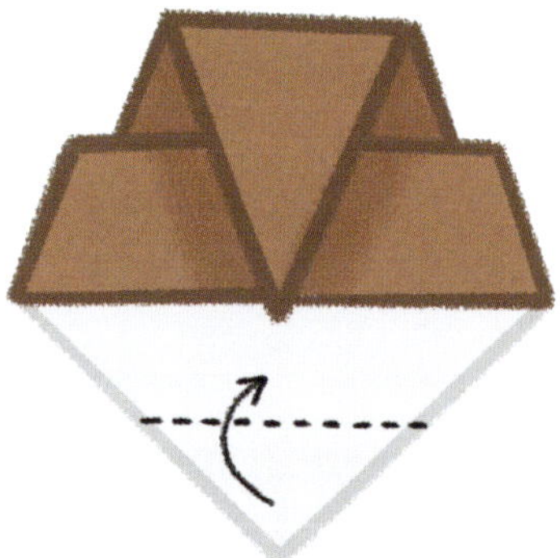

9 Falte die Ecke hinauf zu der Spitze, die nach unten weist.

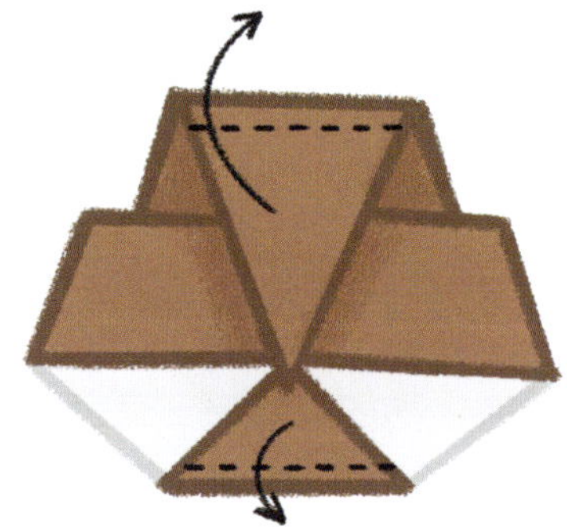

10 Falte die Ecke wieder nach unten und die Spitze wieder nach oben.

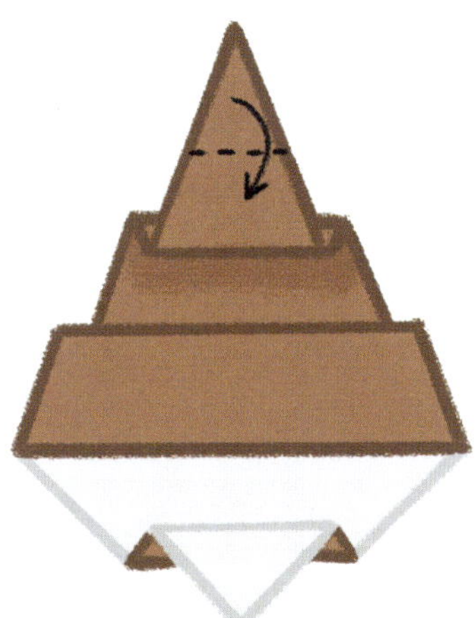

11 Das Ende der Spitze faltest du jetzt noch nach unten.

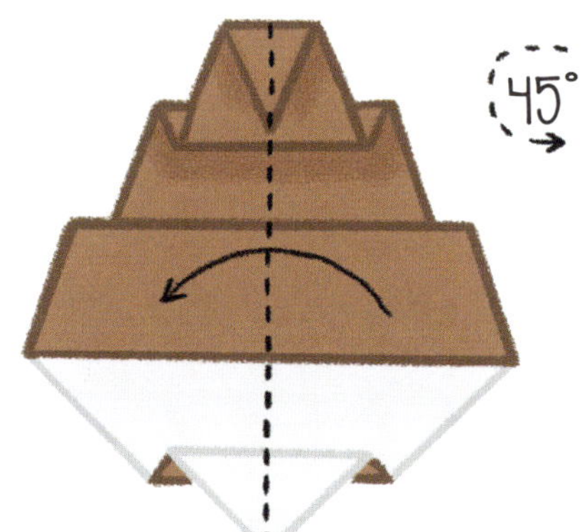

12 Falte die Form in der Mitte nach links. Danach drehe sie um 45° nach links.

Leicht

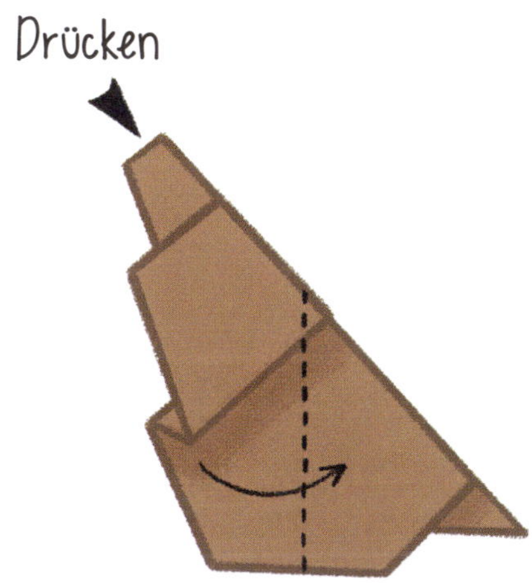

13 Drücke die Nasenspitze in die Form hinein. Dabei falten sich die Kanten von selbst nach außen und klappen an der eingezeichneten Linie um.

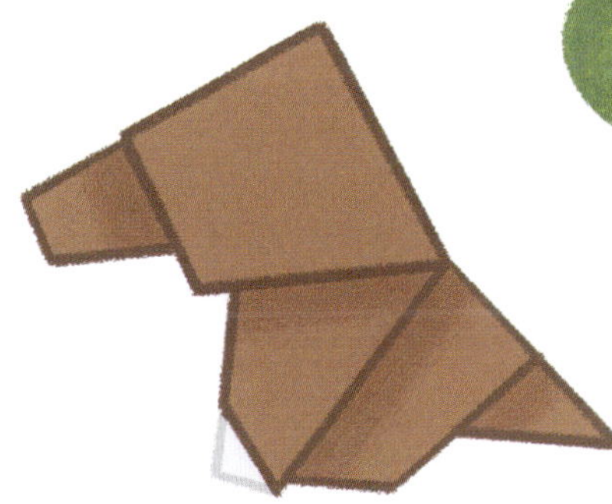

14 Drücke weiter. So sollte die Form nun aussehen. Der Welpe hat niedliche Vorderpfoten.

15 Dein Origami-Welpe kann stehen. Male ihm noch ein freundliches Gesicht, Ohren und eine schwarze Nasenspitze.

Katze

Die Katze lebt in der Scheune und fängt dort fleißig Mäuse. Für die Origami-Katze brauchst du zwei Blatt Papier. Miau!

Zuerst der Kopf!

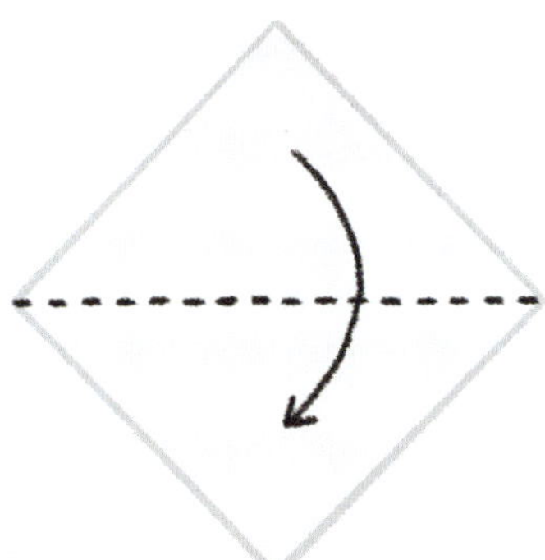

1 Lege dein Papier wie abgebildet hin, eine Ecke weist nach oben. Dann faltest du in der Mitte nach unten und öffnest wieder.

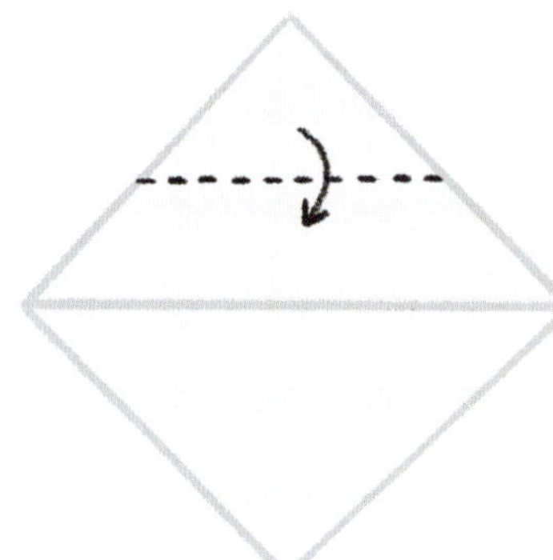

2 Falte die Spitze auf den Mittelfalz.

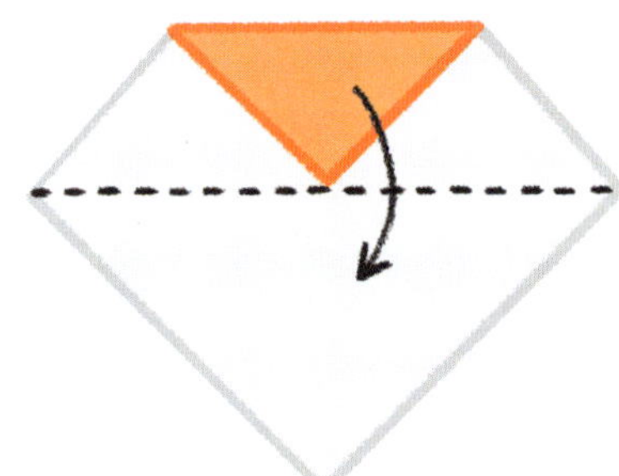

3 Nun faltest du am Mittelfalz nach unten.

4 Falte erst die rechte Spitze auf die untere Spitze, ...

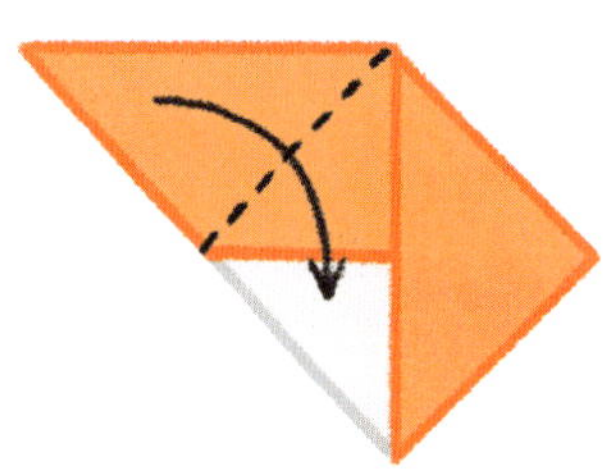

5 ... dann auch die linke Spitze.

6 Danach faltest du erst den rechten vorderen Flügel nach oben, ...

Leicht ☆

7 … dann auch den linken vorderen Flügel: Das sind die Ohren.

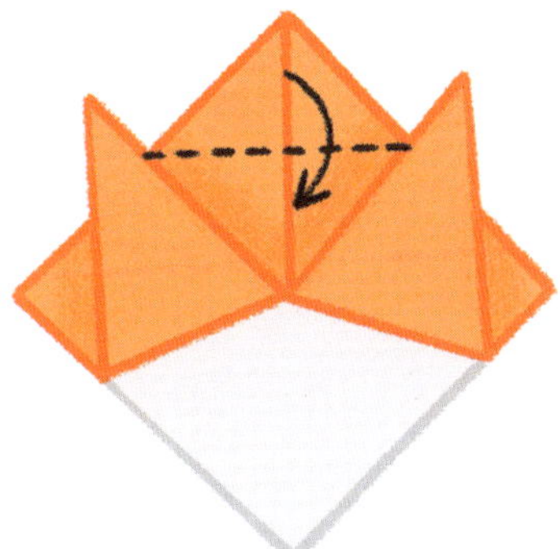

8 Du faltest die obere Ecke nach unten – zwischen die Ohren.

9 So sollte die Form nun aussehen. Wende sie.

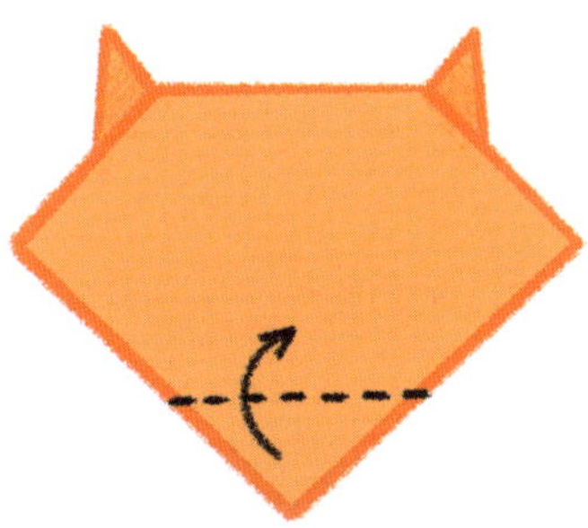

10 Falte die untere Ecke nach oben, so wie auf der Abbildung.

11 Dann faltest du das Ende der Ecke nach unten: Das ist die Nase.

12 Schon ist dein Katzenkopf fertig!

Dann der Körper!

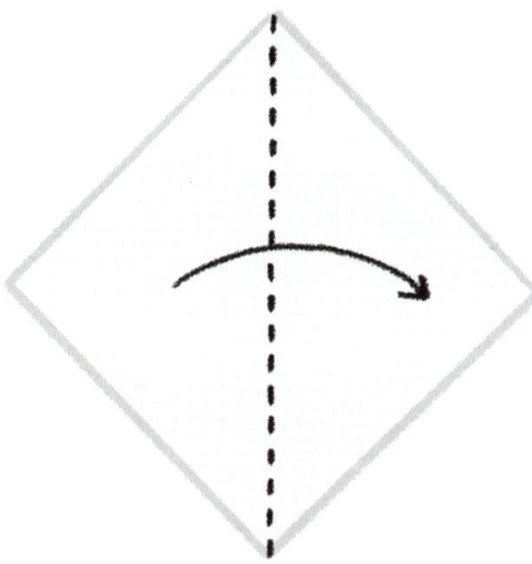

13 Du faltest in der Mitte nach rechts und öffnest wieder.

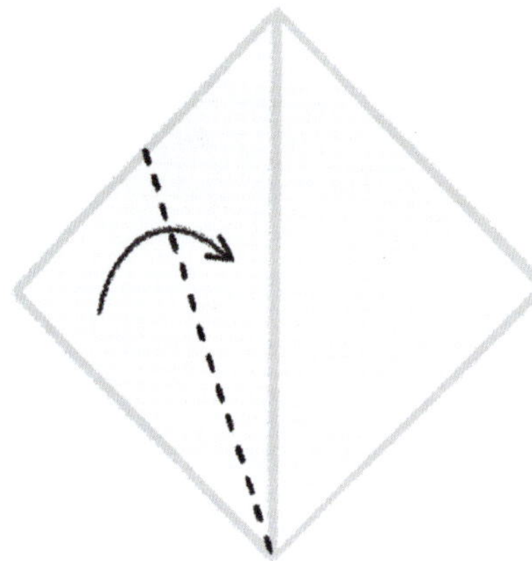

14 Falte erst die linke untere Kante auf den Mittelfalz, …

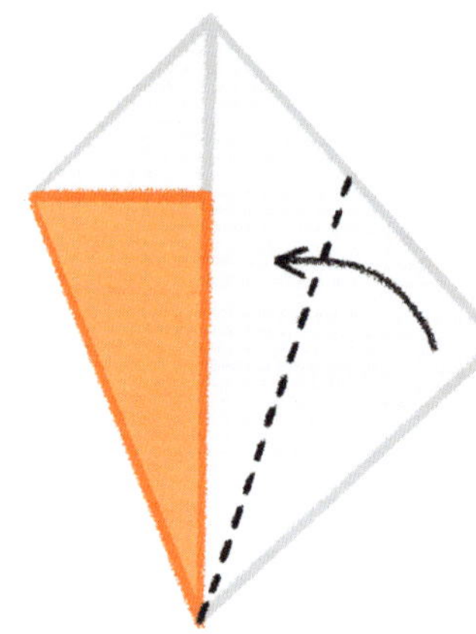

15 … dann auch die rechte untere Kante.

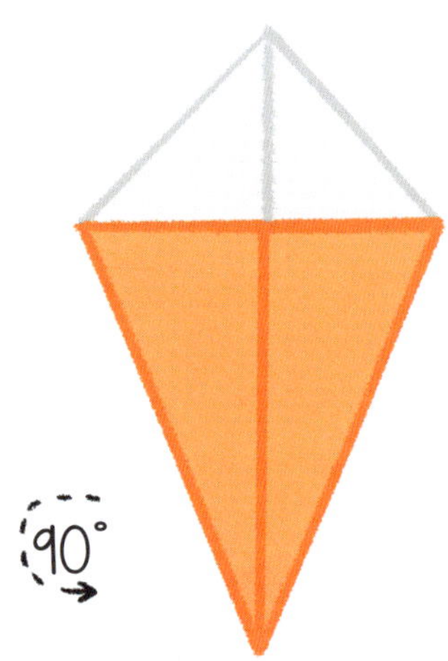

16 So sollte die Form nun aussehen. Drehe sie um 90° nach links.

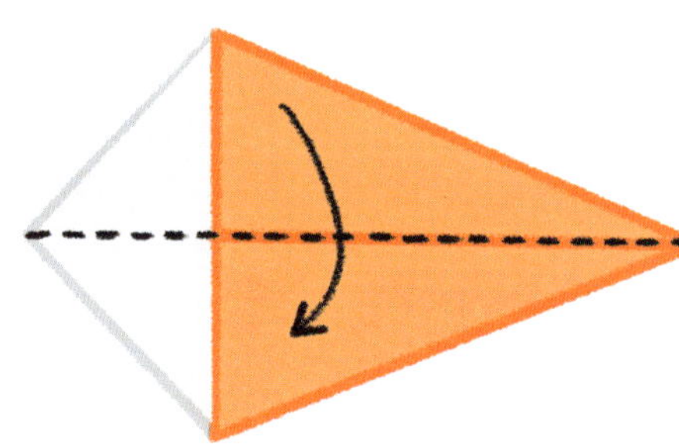

17 Danach faltest du in der Mitte nach unten.

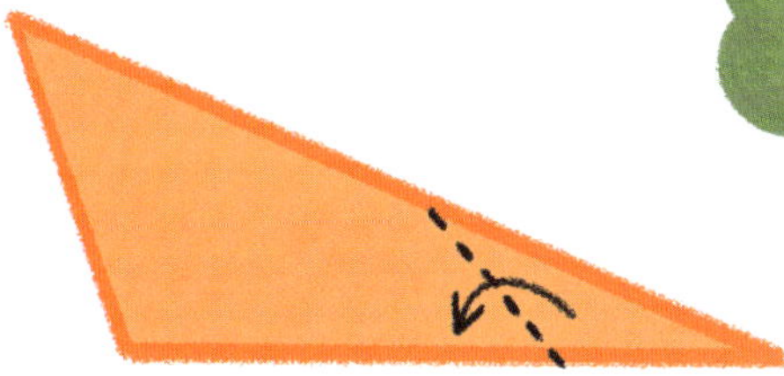

18 Falte die rechte Spitze nach unten.

19 Dann faltest du den Flügel an der senkrechten Linie nach links.

20 So sollte die Form nun aussehen.

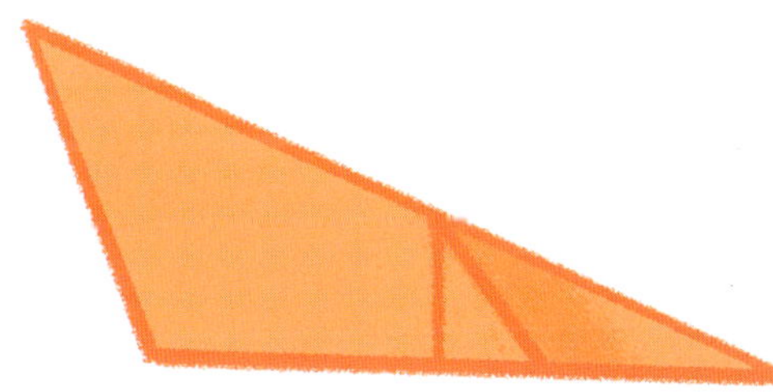

21 Öffne die Falze von Schritt 18 und 19 wieder.

22 Du schiebst vorsichtig einen Finger in die Tasche an der rechten Seite und ziehst die rechte Spitze zu dir hin.

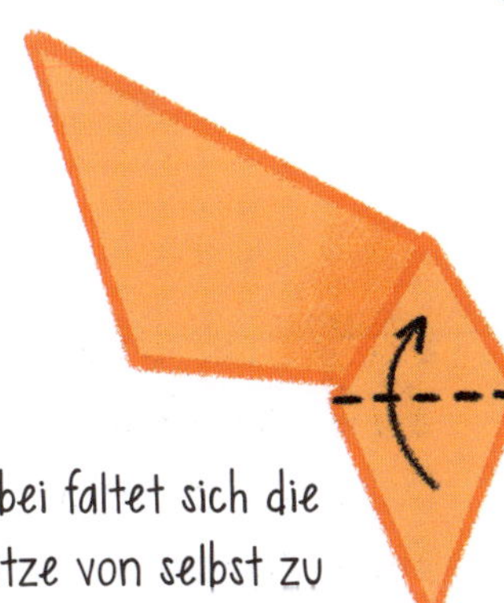

23 Dabei faltet sich die Spitze von selbst zu einer Rautenform. Glätte sie. Falte die untere Spitze nach oben. Dabei entsteht ein Dreieck.

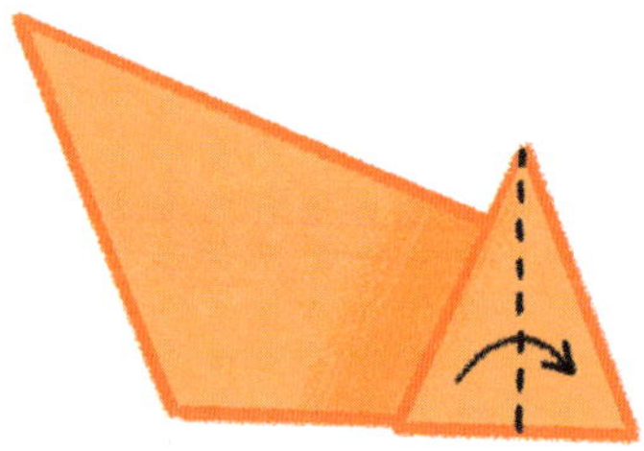

24 Du faltest jetzt den linken Flügel des Dreiecks nach rechts: Das ist der Katzenschwanz.

25 Damit ist der Katzenkörper fertig. So sollte er aussehen!

Und nun stecke die Katze zusammen!

26 Dafür steckst du den Katzenkopf einfach oben auf den Körper.

27 Male deiner hübschen Origami-Katze noch Augen, Schnurrhaare und ein Fellmuster.

Auf dem Feld

Raupe

Raupen fressen den ganzen Tag lang saftige Blätter. So werden sie groß und kräftig – dann verwandeln sie sich in zarte Schmetterlinge.

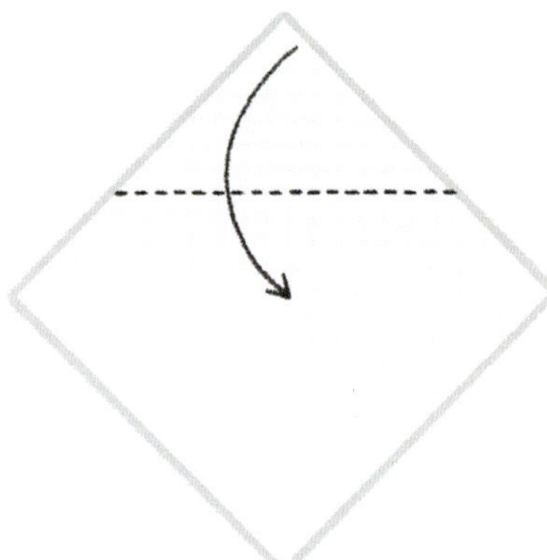

1 Lege dein Papier so hin, dass eine Ecke nach oben weist. Falte die Ecke nach unten.

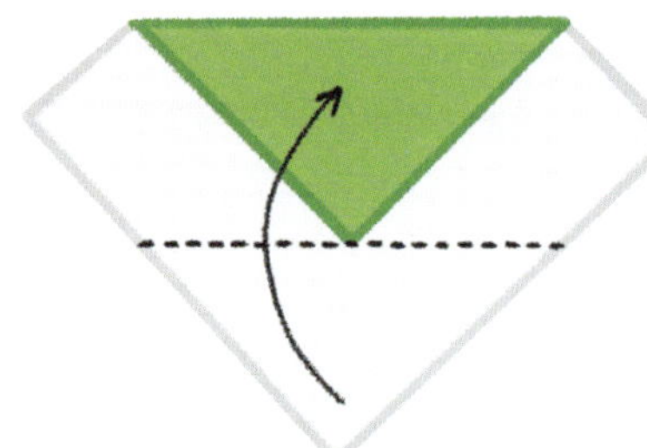

2 Nun faltest du die untere Ecke auf die obere Kante.

3 So sollte die Form nun aussehen. Wende sie.

4 Führe rechts eine Ziehharmonikafaltung aus (siehe Seite 5): Das ist der Schwanz.

5 Links daneben führst du eine zweite Ziehharmonikafaltung aus …

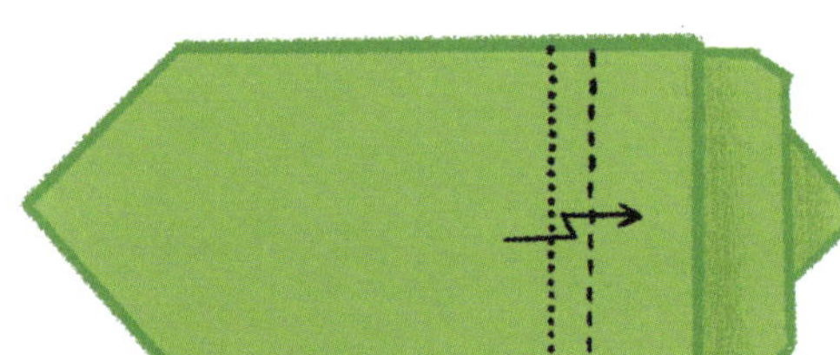

6 … und noch eine dritte Ziehharmonikafaltung. Achte auf gleichmäßige Abstände!

Mittel ★★

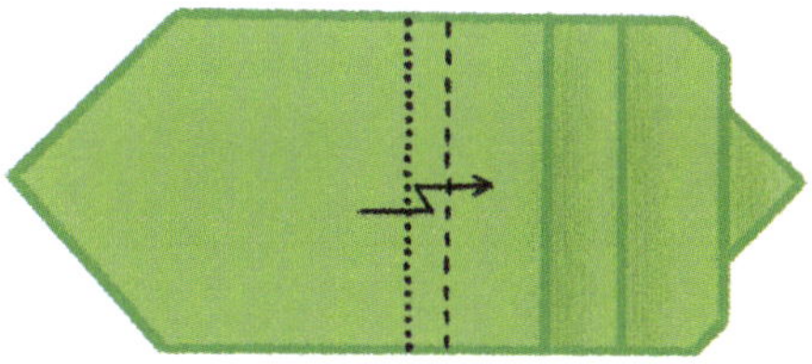

7 Dann führe eine vierte Ziehharmonikafaltung aus ...

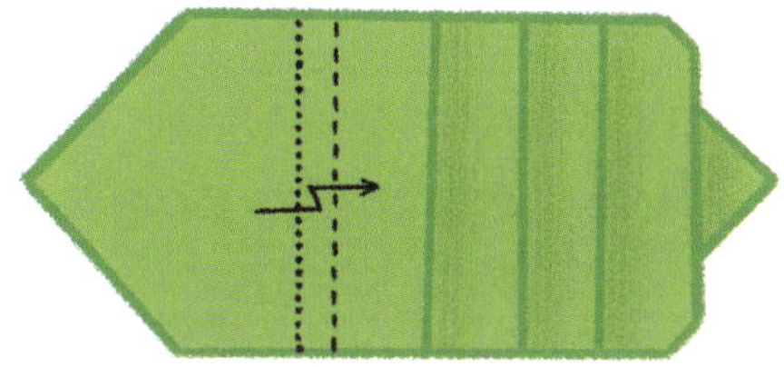

8 ... und eine fünfte. Die Falze bilden verschiedene Abschnitte des Raupenkörpers.

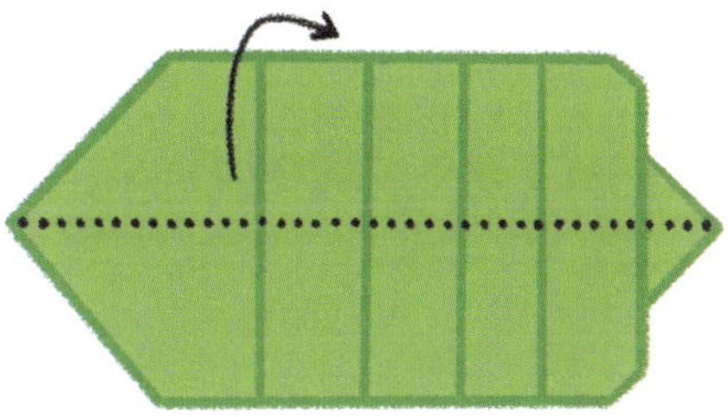

9 Falte in der Mitte nach hinten.

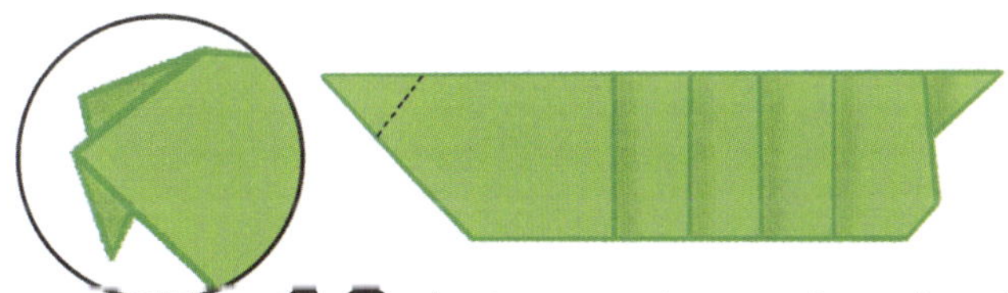

10 Links setzt du eine Gegenbruchfalte nach innen (siehe Seite 6).

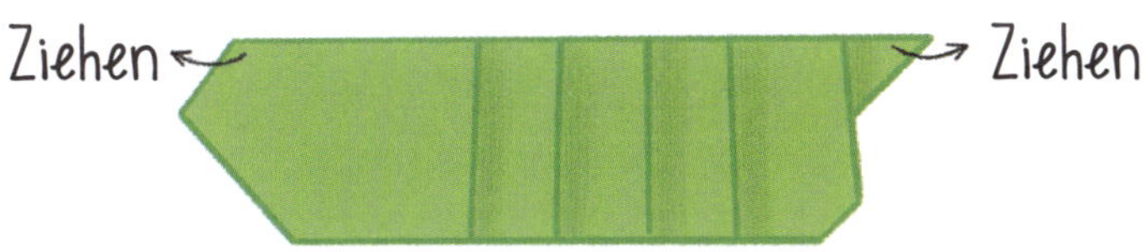

11 Greife beide Enden der Raupe und ziehe den Körper vorsichtig auseinander – er sollte leicht geschwungen sein.

12 So sollte die Form nun aussehen.

13 Male deiner Raupe noch ein freundliches Gesicht und ein Muster. Sie hat schon wieder Hunger!

Seerose

Diese wunderschöne Blume schwimmt auf dem Teich des Bauernhofs.

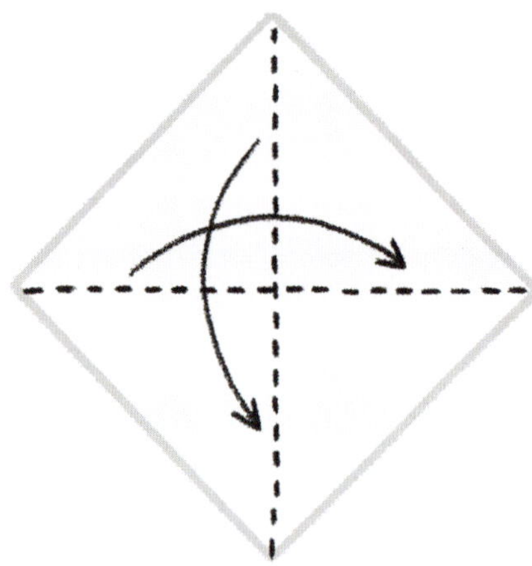

1 Lege dein Papier wie abgebildet hin, eine Ecke weist nach oben. Falte in der Mitte nach unten und öffne wieder, dann falte in der Mitte nach rechts und öffne.

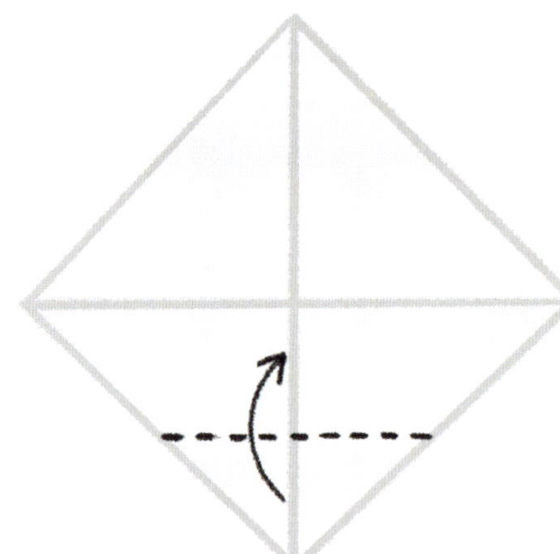

2 So sollte die Form nun aussehen. Du faltest erst die untere Ecke zur Mitte, ...

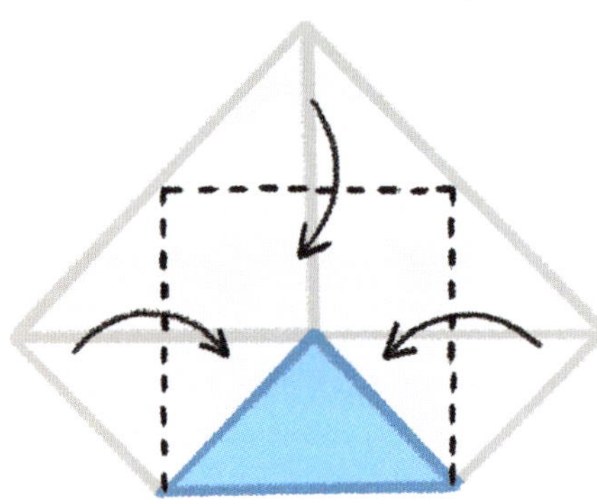

3 ... dann auch die restlichen drei Ecken.

4 So sollte die Form nun aussehen. Nun faltest du alle vier Ecke zur Mitte.

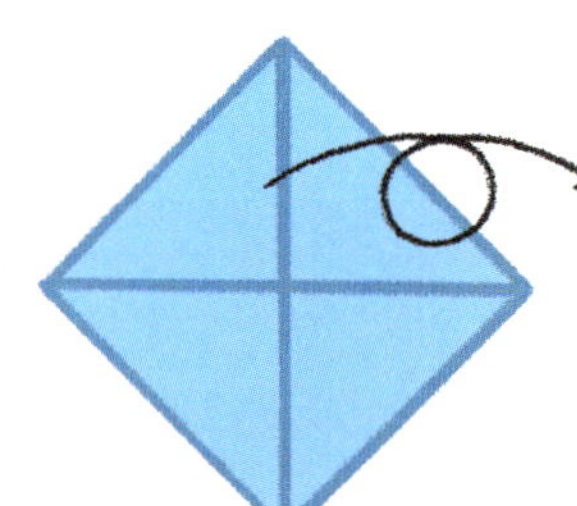

5 Die Form sollte nun so aussehen. Wende sie.

Leicht

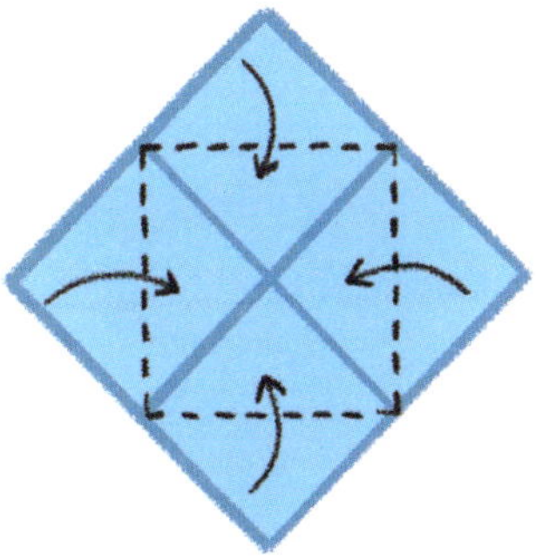

6 Falte noch einmal alle vier Ecken zur Mitte.

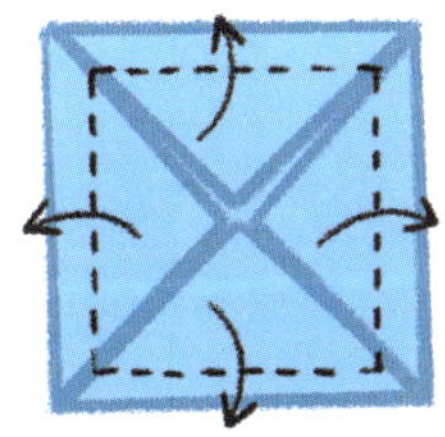

7 Du faltest die Spitzen aller vier Ecken nach außen, so wie auf der Abbildung.

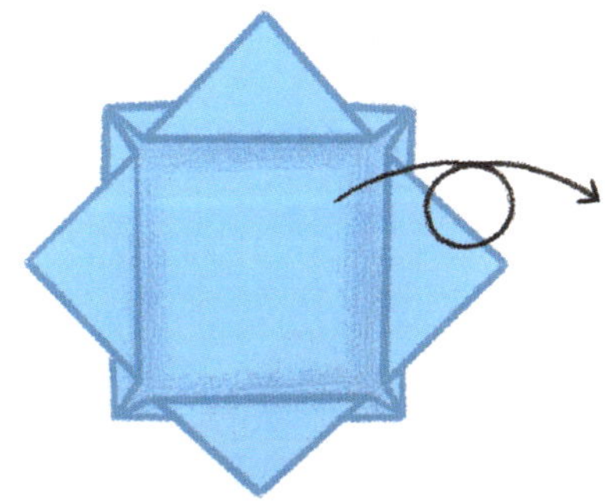

8 So soll die Form nun aussehen. Wende sie.

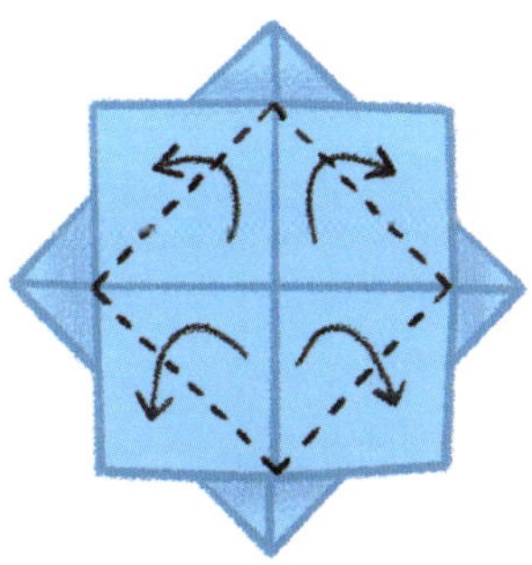

9 Falte bei allen vier Taschen die oberste Lage hoch, sodass sie nach oben weist.

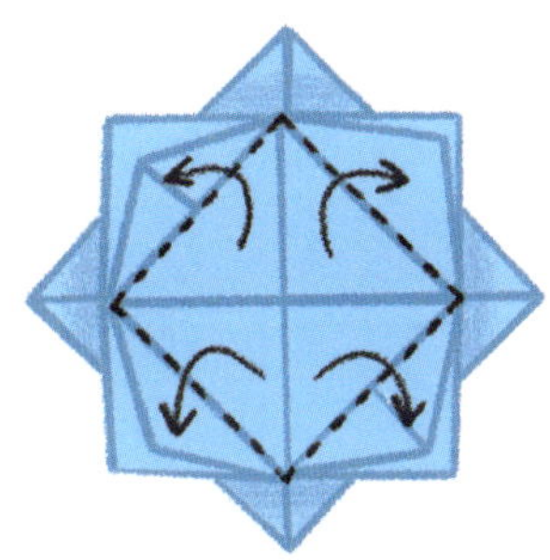

10 Falte auch alle vier Ecken darunter hoch, sodass sie nach oben weisen.

11 Danach ziehst du noch die Blütenblätter in Form, und schon blüht deine schöne Seerose.

Spinne

Spinnen sind nützlich – sie fangen in ihrem Netz Insekten, die die Ernte vertilgen wollen. Gleich wird die Origami-Spinne ein Netz spinnen!

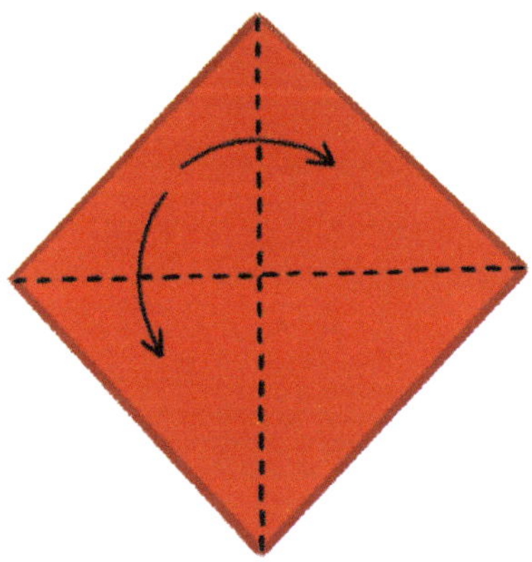

1 Lege dein Papier wie abgebildet hin, eine Ecke weist nach oben. Falte in der Mitte nach unten und öffne. Falte in der Mitte nach rechts und öffne. Wende die Form.

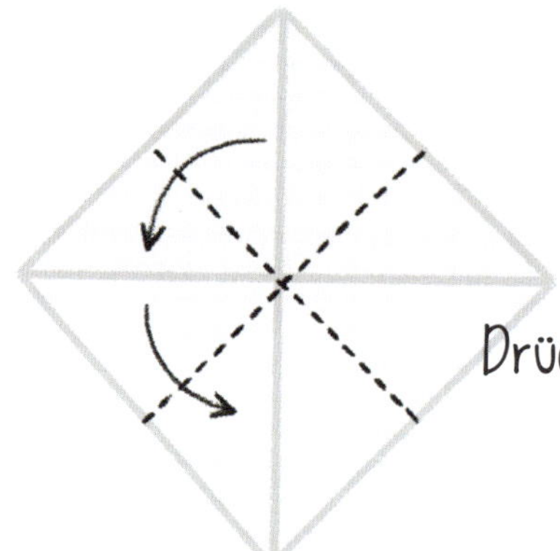

2 Du faltest erst die obere rechte Kante nach unten links und öffnest wieder. Dann faltest du die obere linke Kante nach unten rechts und öffnest wieder.

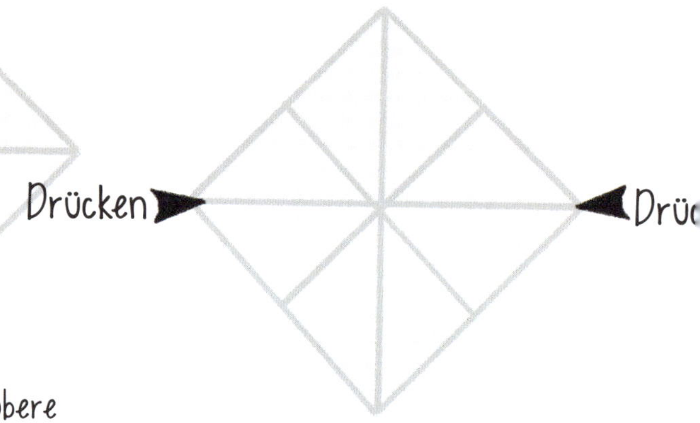

3 Drücke gegen die beiden Ecken links und rechts und führe sie zusammen.

4 Dabei faltet sich die Form von selbst zu einem kleinen Quadrat zusammen. Glätte es.

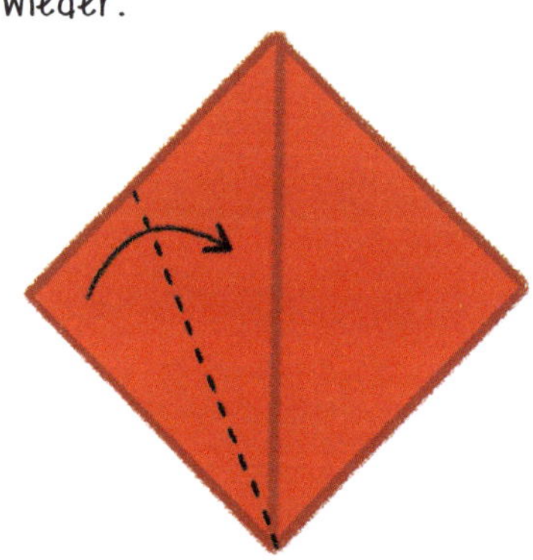

5 So sollte die Form nun aussehen, die offene Seite weist nach unten. Falte erst den linken vorderen Flügel auf den Mittelfalz, ...

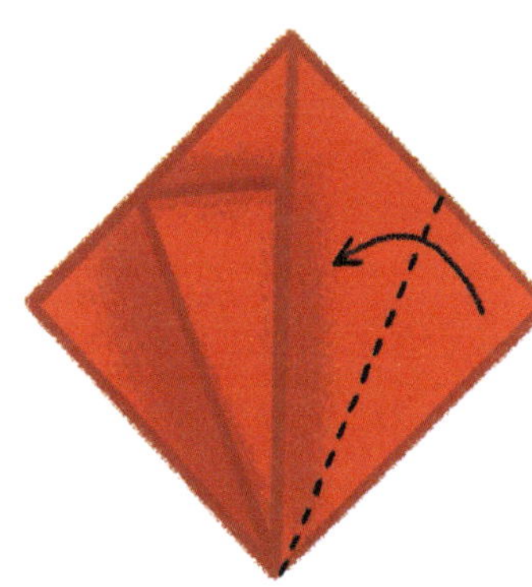

6 ... dann auch den rechten vorderen Flügel.

Schwer ★★★

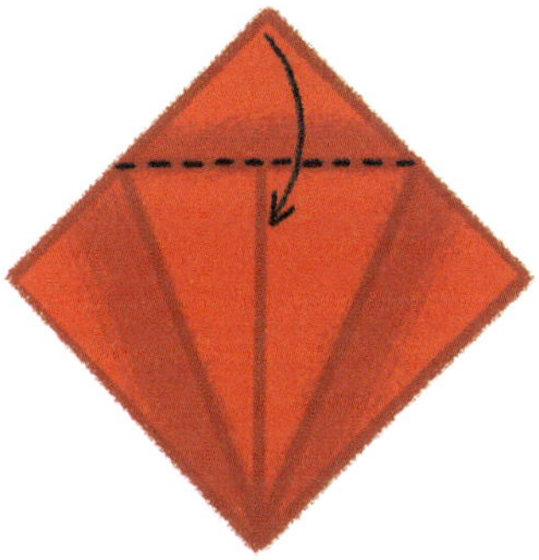

7 Falte die Ecke nach unten, so wie auf der Abbildung.

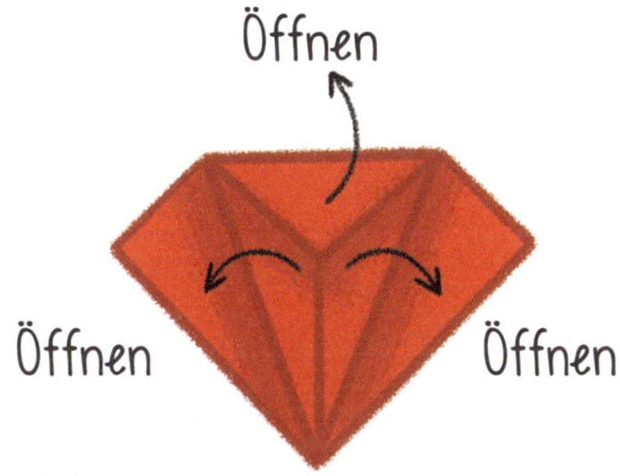

8 Jetzt öffnest du die Falze von Schritt 5, 6 und 7 wieder.

9 Falte die oberste Lage der Ecke nach oben.

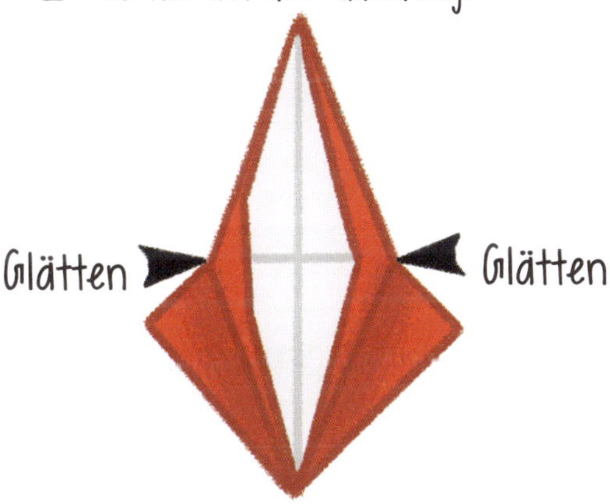

10 Dabei klappt die Form so ähnlich auf wie ein Vogelschnabel. Glätte sie an den Seiten.

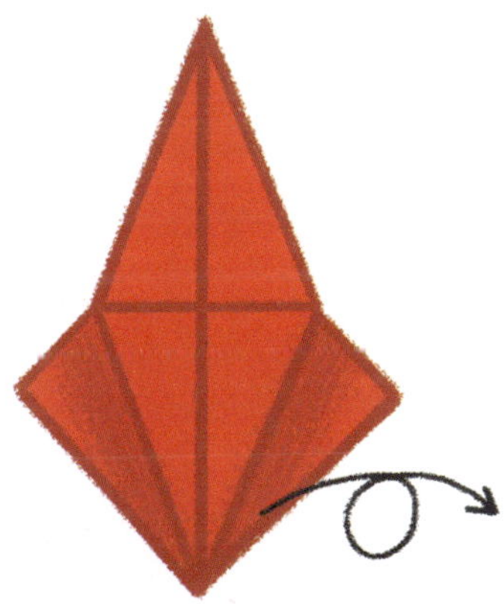

11 So sollte die Form nun aussehen. Wende sie.

12 Nun wiederholst du Schritt 5 bis 10 auf dieser Seite.

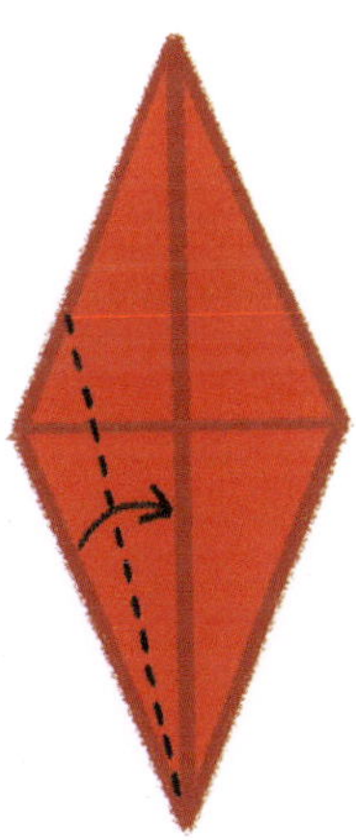

13 Die offenen Spitzen weisen nach unten. Falte erst den linken vorderen Flügel auf den Mittelfalz, ...

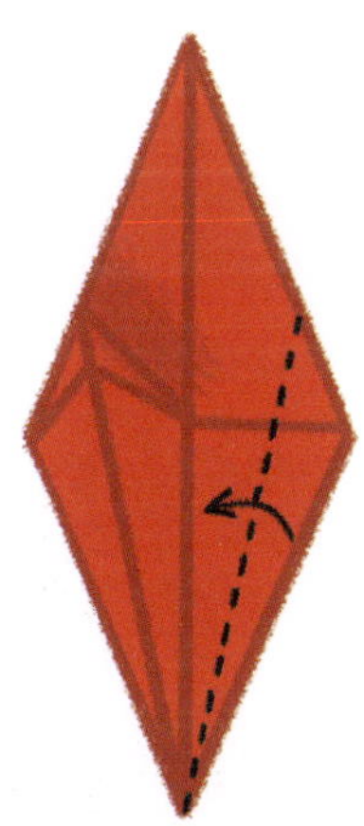

14 ... dann auch den rechten vorderen Flügel.

15 Danach wendest du die Form.

16 Du wiederholst Schritt 13 und 14 auf dieser Seite der Form.

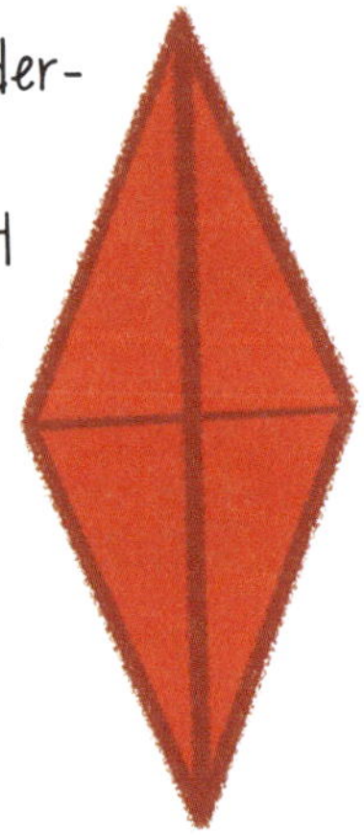

17 Öffne wieder die Falze, die in Schritt 13 bis 16 auf Vorder- und Rückseite entstanden sind.

18 Nimm die Schere und schneide vorsichtig an dem linken unteren Falz entlang – bis hoch zum Querfalz. Schneide durch alle Lagen.

19 Dann wiederholst du Schritt 18 mit dem rechten unteren Falz.

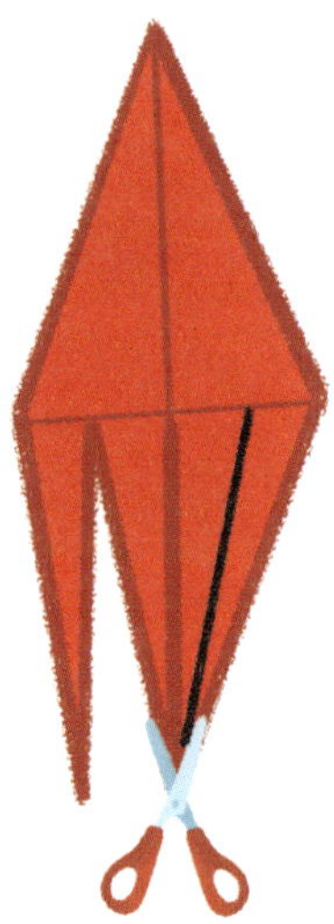

20 Wende die Form halb, sodass der Spalt zwischen den oberen Spitzen zu sehen ist.

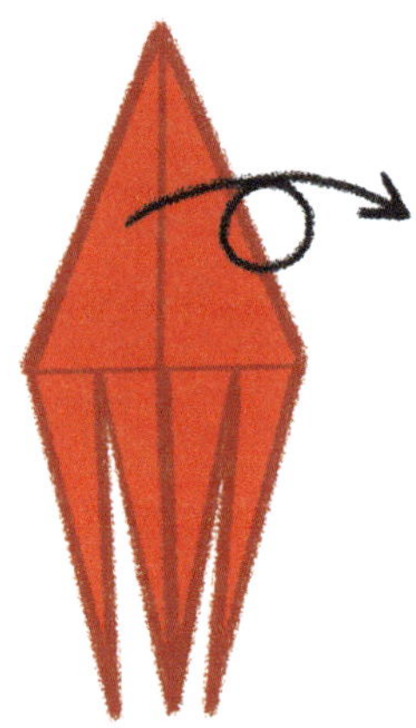

21 Du schneidest mit der Schere von der unteren Spitze bis hoch zum Querfalz – aber nur durch die oberste Lage. Achte darauf, nicht in die anderen Lagen zu schneiden. Wende die Form.

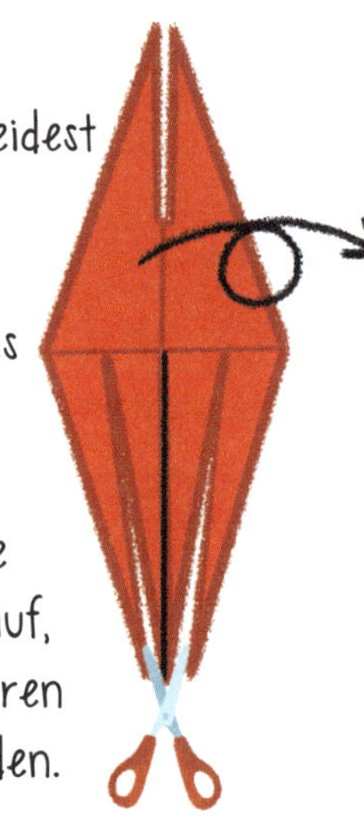

22 Wiederhole Schritt 21 auf dieser Seite.

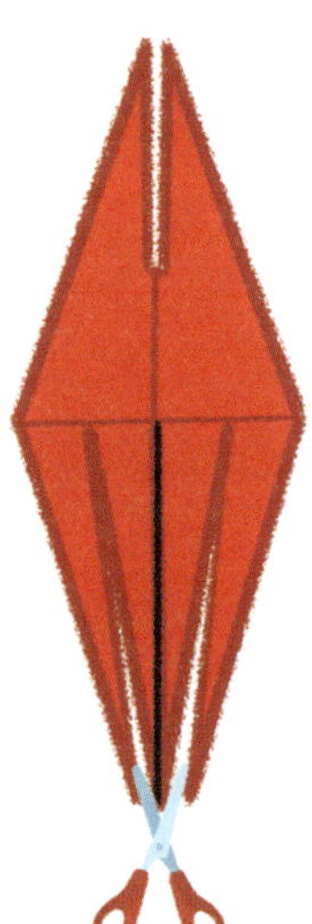

23 Du wendest die Form noch einmal halb.

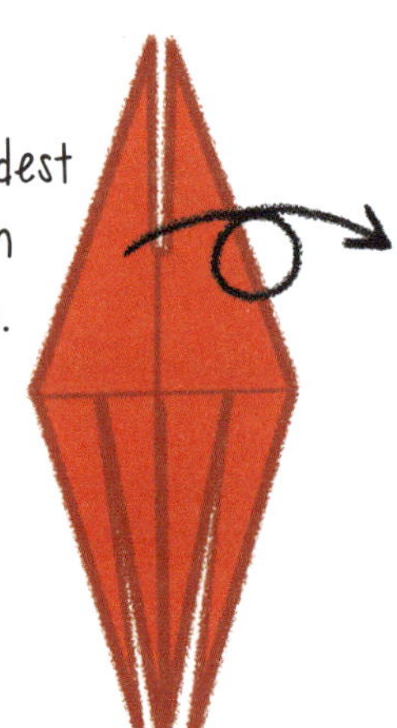

24 Wiederhole Schritt 13 bis 16.

Schwer ★★★

25 So sollte die Form nun aussehen. Falte die oberste Lage der Spitze nach unten, so wie auf der Abbildung.

26 Du wendest die Form.

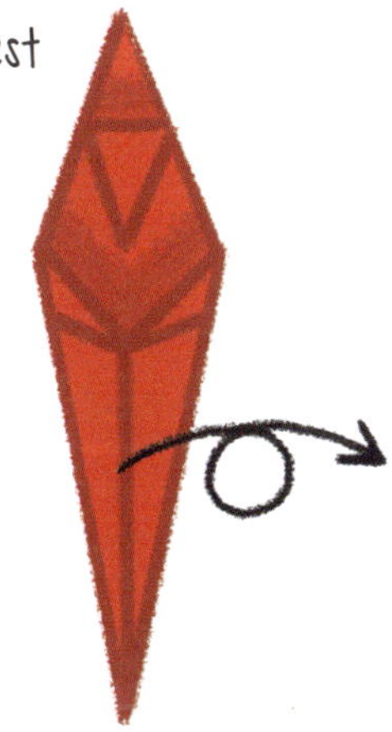

27 Wiederhole Schritt 25 auf dieser Seite.

28 Du faltest den vorderen Flügel der rechten Spitze nach hinten.

29 Wiederhole Schritt 28 auf der linken Seite.

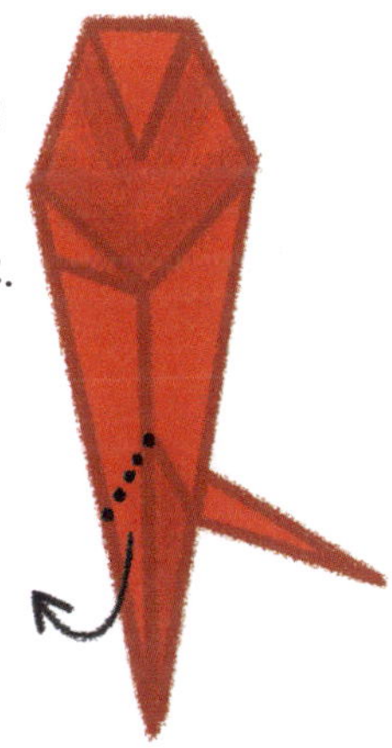

30 Wende die Form.

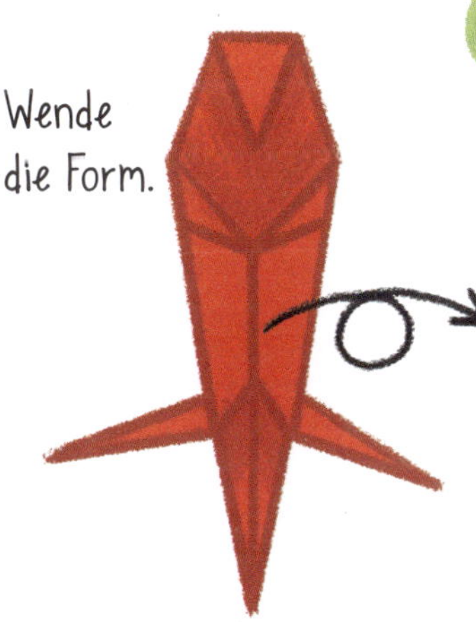

31 Du faltest den vorderen Flügel der rechten Spitze nach rechts ...

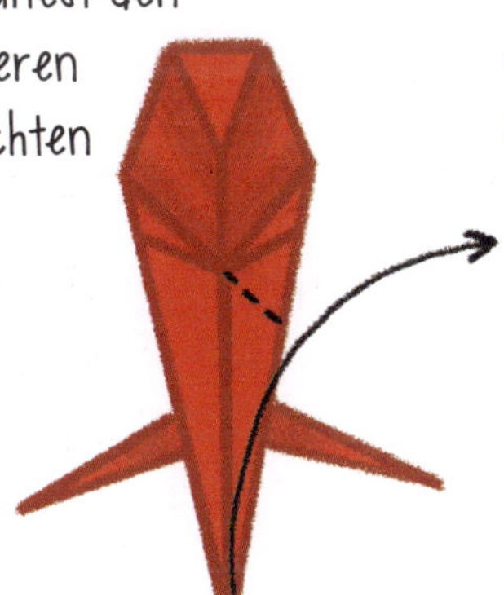

32 ... und den vorderen Flügel der linken Spitze nach links.

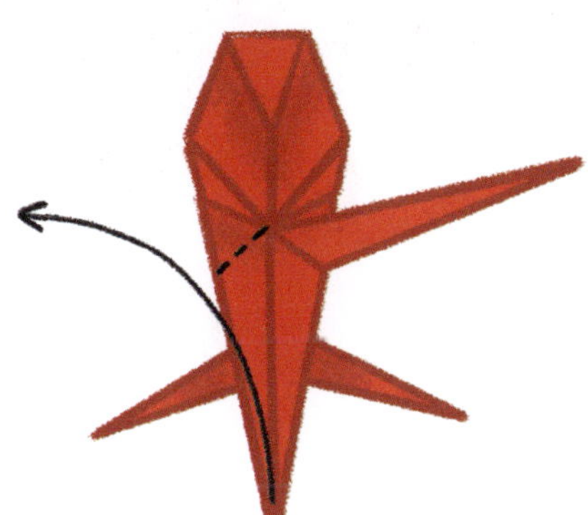

33 Falte danach die vorderen zwei losen Spitzen nach rechts.

34 Wiederhole Schritt 33 auf der linken Seite.

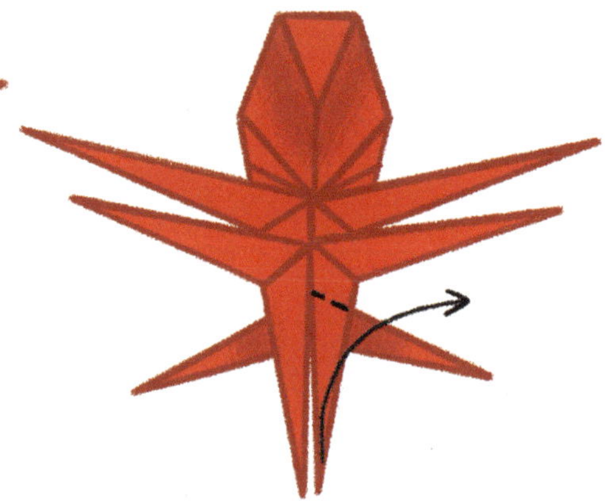

35 Du faltest die zwei losen rechten Spitzen nach rechts.

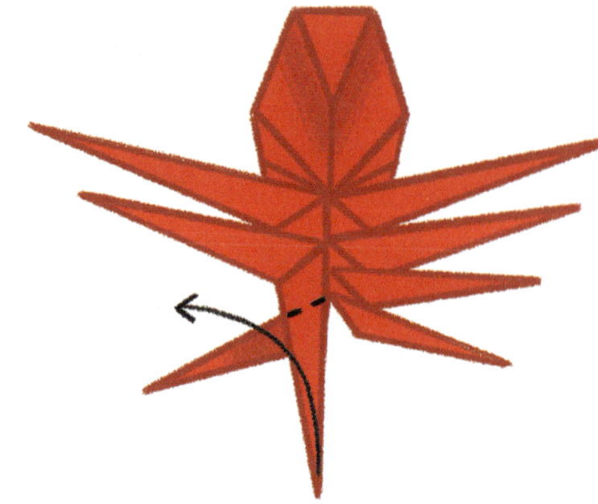

36 Wiederhole Schritt 35 auf der linken Seite.

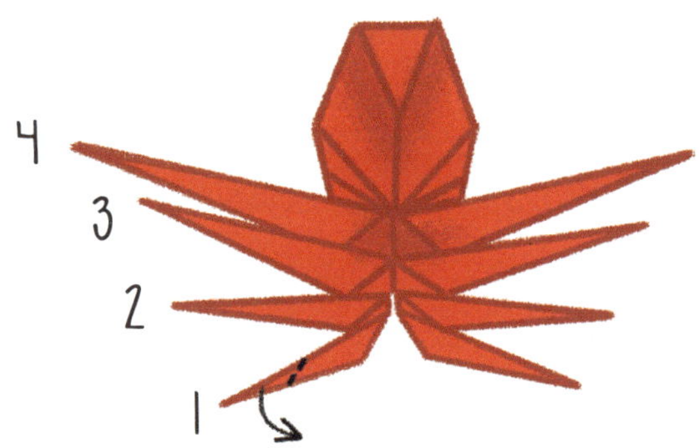

37 So soll die Form nun aussehen mit den vier Beinpaaren 1, 2, 3 und 4. Falte die Spitze des linken Beins 1 nach unten, so wie auf der Abbildung.

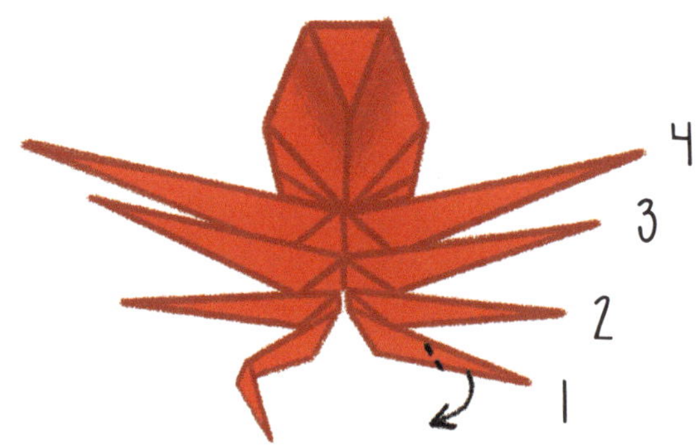

38 Wiederhole Schritt 37 auf der rechten Seite.

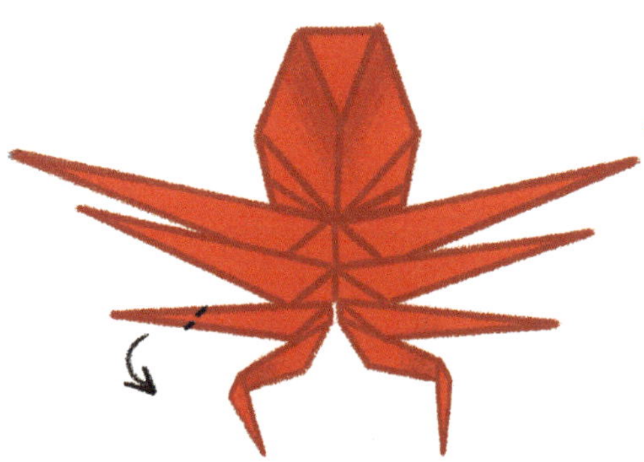

39 Du faltest die Spitze des linken Beins 2 nach unten.

40 Wiederhole Schritt 39 auf der rechten Seite.

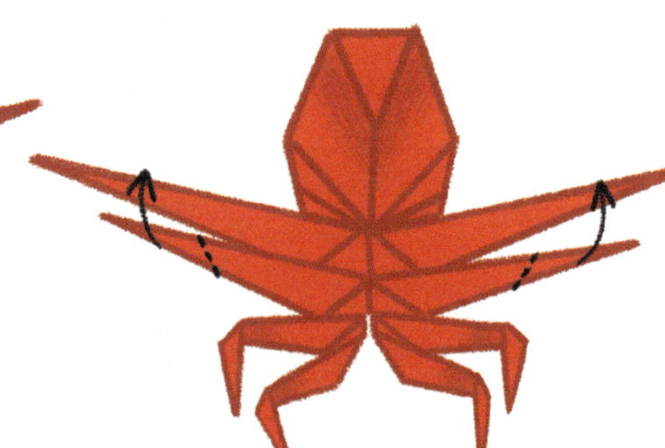

41 Falte die Spitzen des Beinpaars 3 schräg nach oben.

Schwer ★★★

42 Dann faltest du die Spitzen des Beinpaars 4 schräg nach oben.

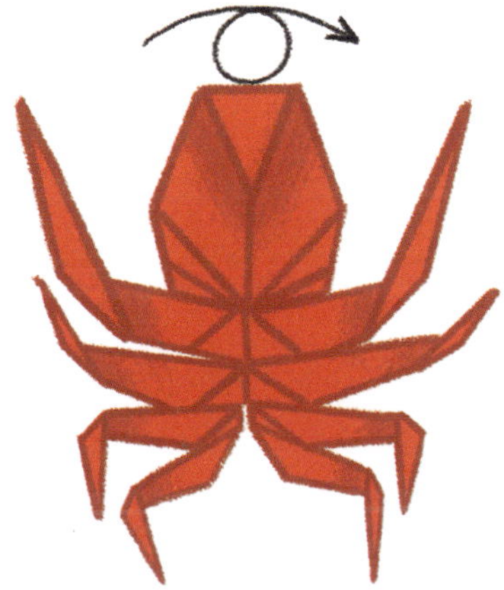

43 So soll die Form nun aussehen. Wende sie.

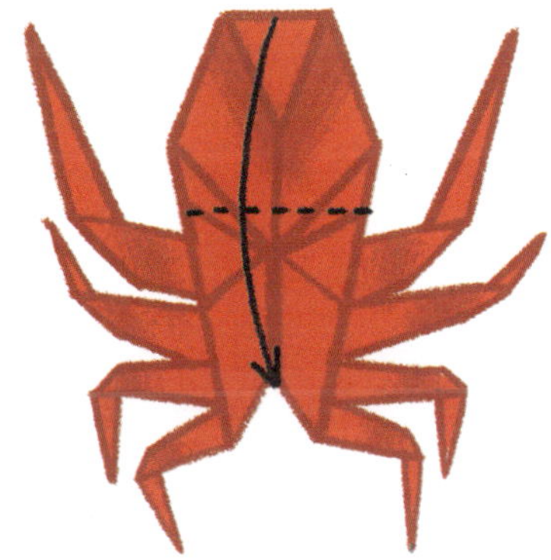

44 Du faltest den vorderen Flügel nach unten.

45 Falte die Dreieckform in der Mitte nach unten und stecke sie in die Tasche, die bei Schritt 44 entstanden ist.

46 Male deiner hübschen Spinne noch zwei Augen auf.

Blume

Auf den Sommerwiesen blühen viele bunte Blumen. Falte gleich mehrere Blumen für deine eigene Origami-Wiese!

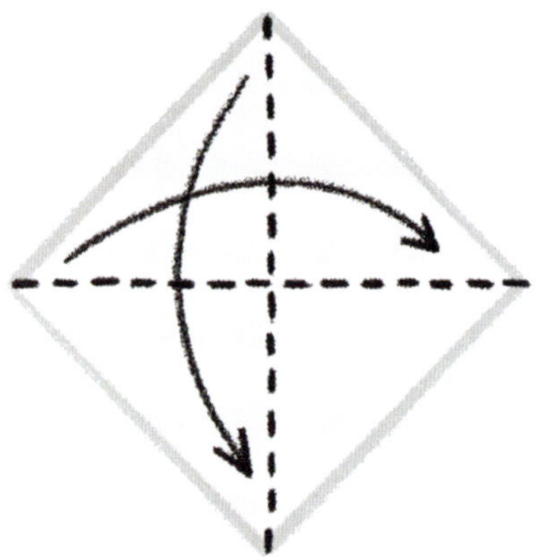

1 Lege dein Papier wie abgebildet hin, eine Ecke weist nach oben. Falte in der Mitte nach unten und öffne wiede. Dann falte in der Mitte nach rechts und öffne wieder.

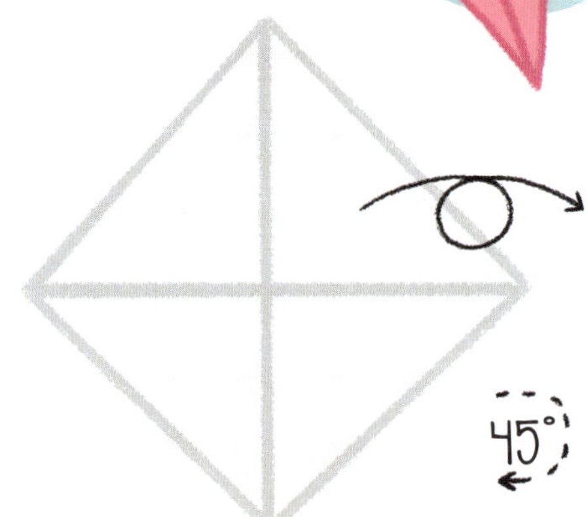

2 So sollte die Form nun aussehen. Wende sie, dann drehe sie um 45° – nun liegt eine Kante oben.

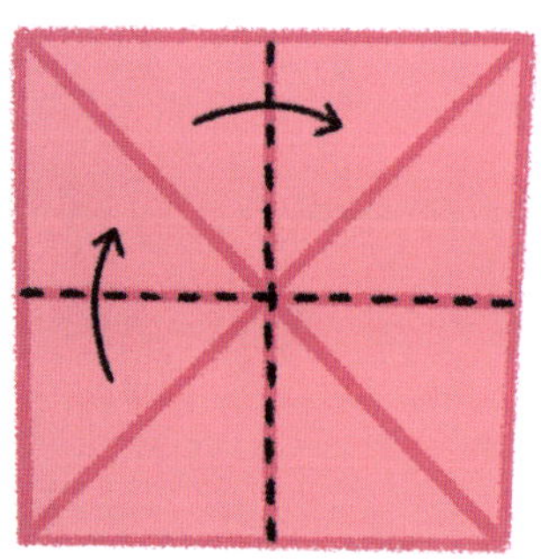

3 Du faltest in der Mitte nach unten und öffnest wieder. Danach faltest du in der Mitte nach rechts und öffnest wieder.

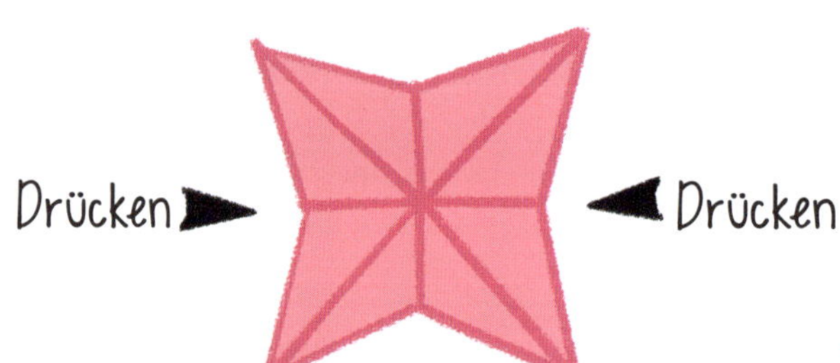

4 Drücke gegen die beiden Kanten links und rechts. Dabei faltet sich die Mitte von selbst nach oben.

5 Drücke gegen die Kanten und führe sie zusammen. Glätte die Form.

Schwer ★★★

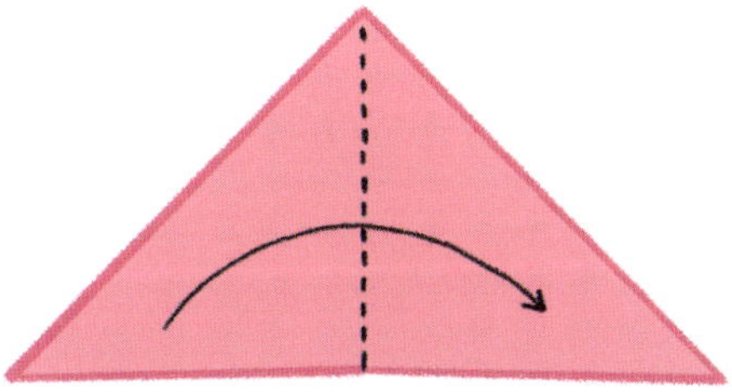

6 So sollte die Form nun aussehen. Du faltest in der Mitte nach rechts.

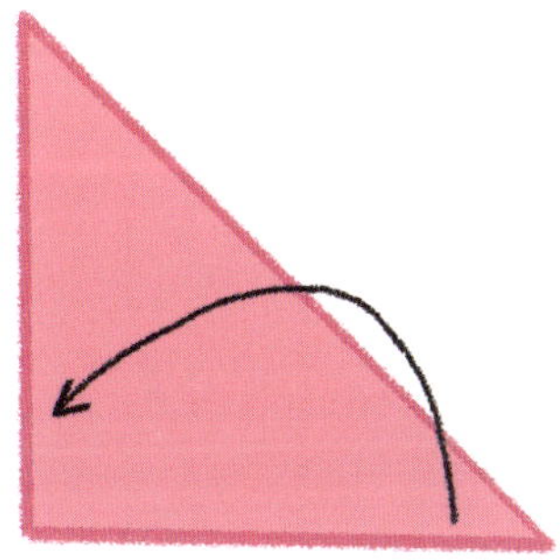

7 Ziehe den vorderen Flügel der rechten Spitze zu dir hin.

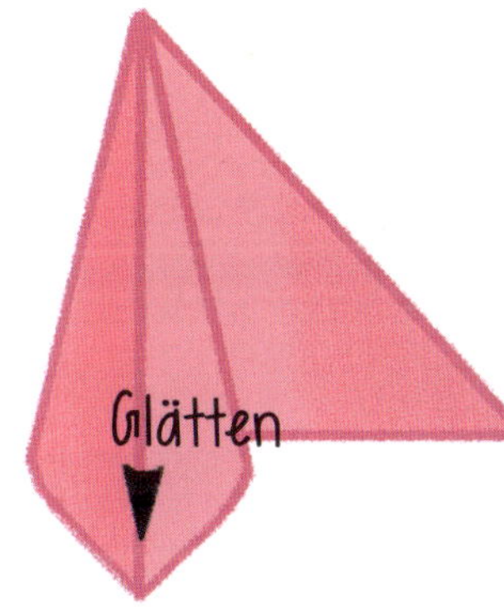

8 Öffne den Flügel und glätte ihn.

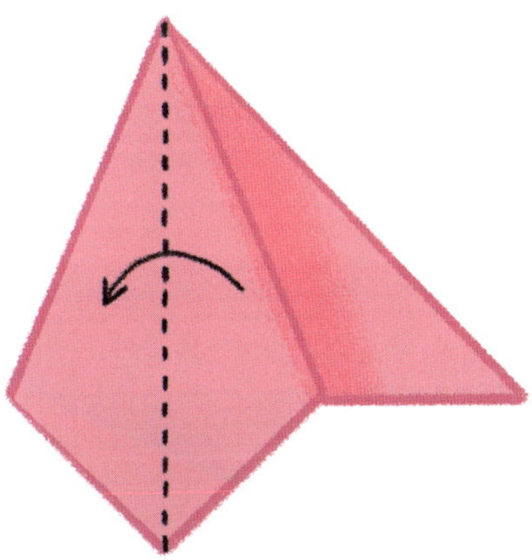

9 Falte den geglätteten Flügel in der Mitte nach links. Wiederhole Schritt 7 und 8 mit den restlichen drei Flügeln und falte sie in der Mitte nach links. Nun sind alle Flügel geglättet.

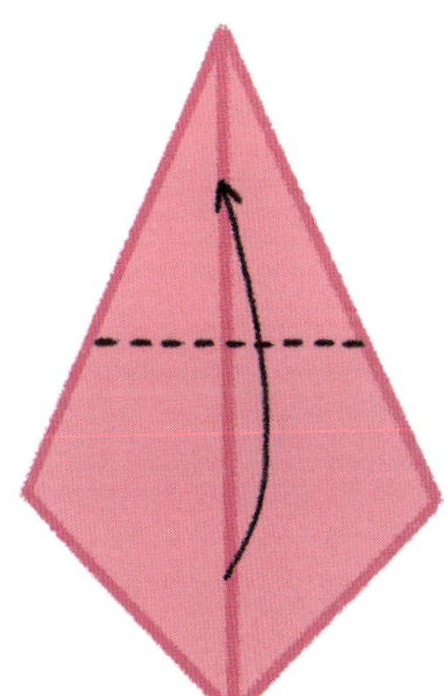

10 Lege die Form so hin wie auf der Abbildung. Auf jeder Seite sind je vier Flügel. Du faltest die Form in der Mitte nach oben und öffnest wieder.

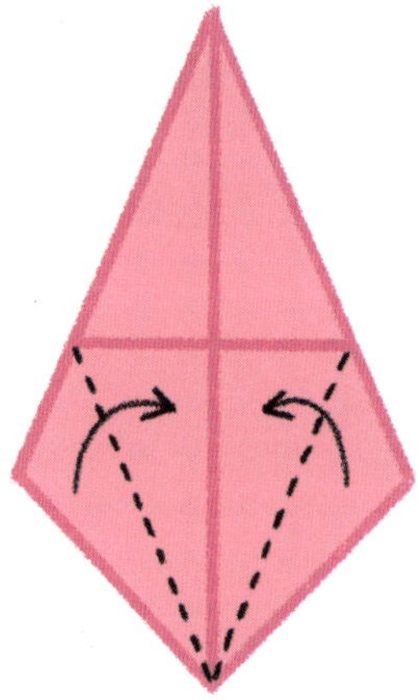

11 Falte die vorderen Flügel links und rechts auf den Mittelfalz. Streiche die Falze gut aus und öffne wieder.

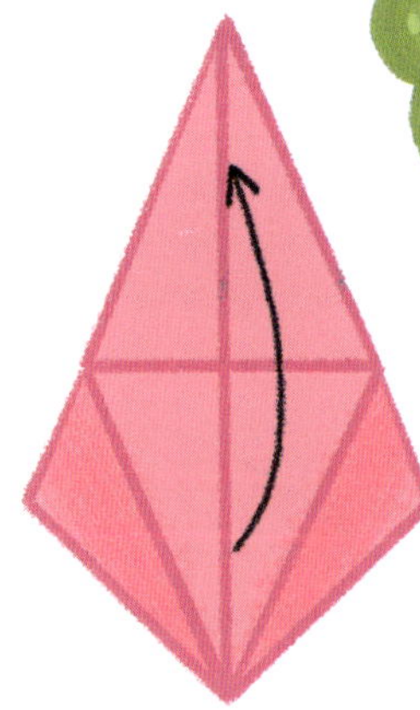

12 Du faltest die oberste Lage der Spitze ganz nach oben.

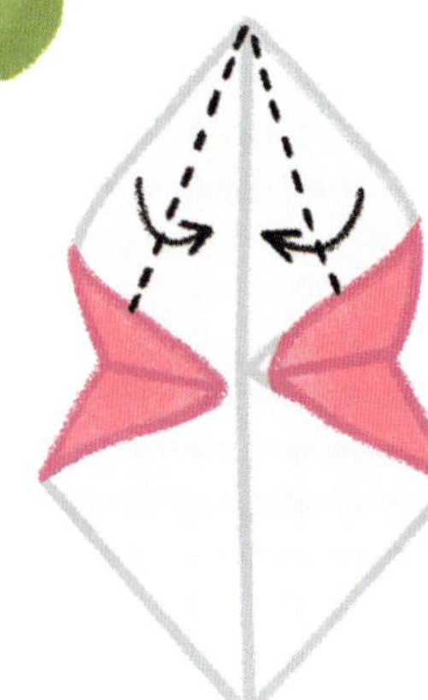

13 Falte die linke und rechte Kante an den Falzen, die in Schritt 11 entstanden sind, nach innen. Glätte sie.

14 So sollte die Form nun aussehen. Wiederhole Schritt 12 und 13 auf den restlichen drei Seiten.

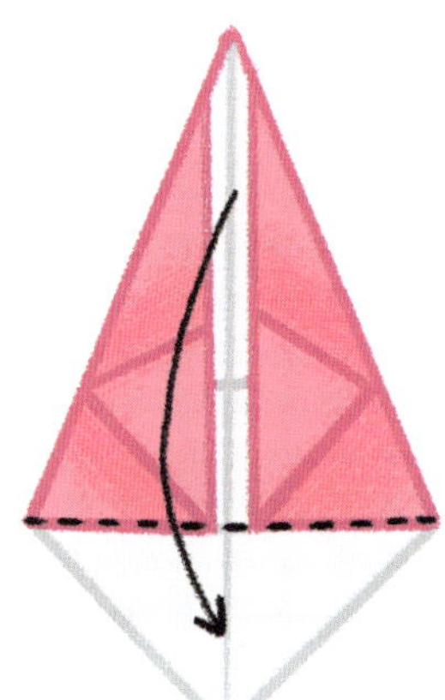

15 Du faltest die Spitze an allen vier Seiten nach unten.

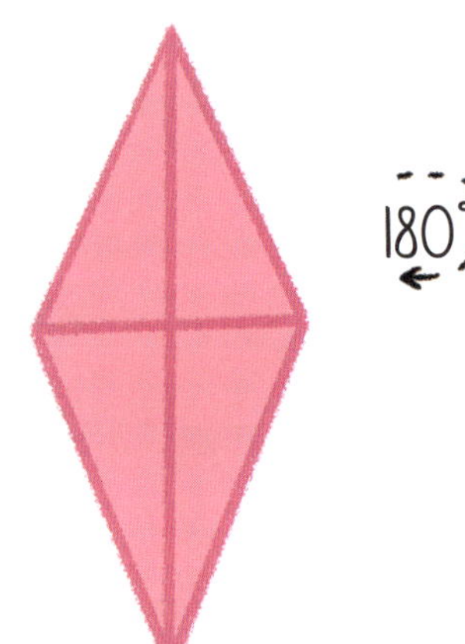

16 So sollte die Form nun aussehen. Wende sie um 180° – die offenen Spitzen weisen nach oben.

Schwer ★★★

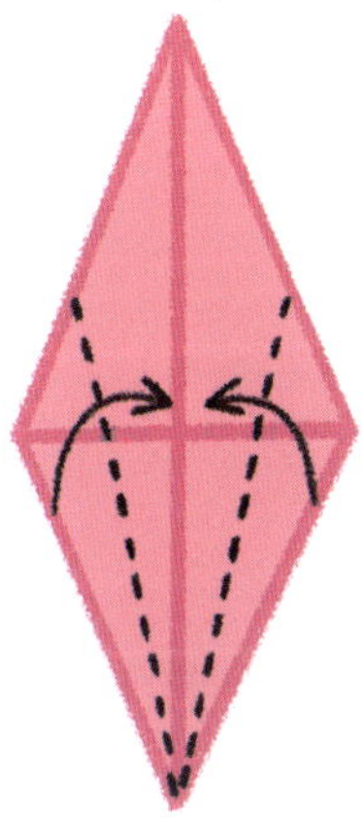

17 Falte die rechte und die linke Kante auf den Mittelfalz, so wie auf der Abbildung.

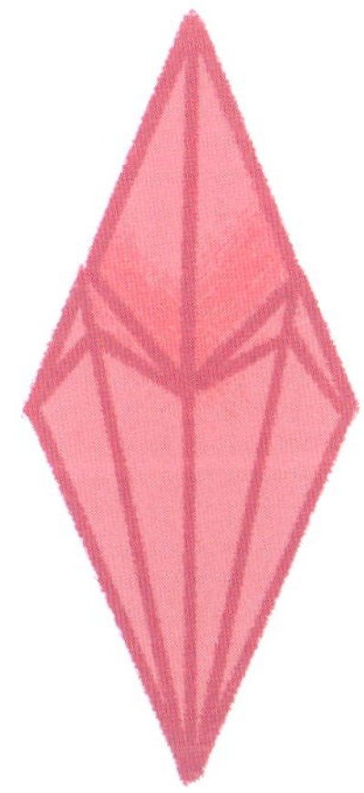

18 Wiederhole Schritt 17 an den restlichen drei Seiten.

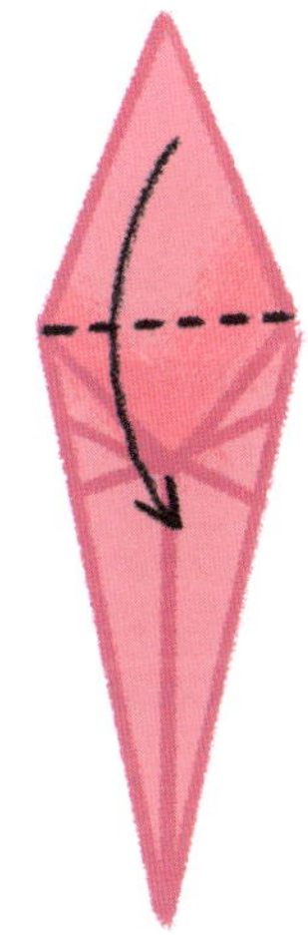

19 So sollte die Form nun aussehen. Du faltest die Spitze an allen vier Seiten nach unten: So öffnst du die Blütenblätter.

20 Falte Papierblumen in verschiedenen Farben, dann hast du einen schönen bunten Origami-Strauß!

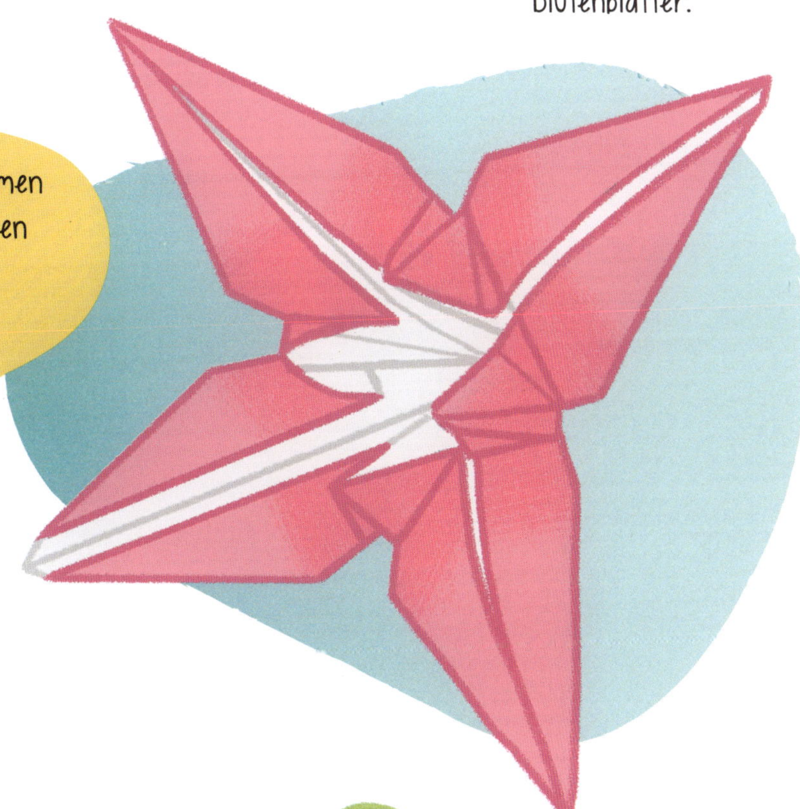

Vogel

Auf den Feldern leben viele Vögel. Sie picken Körner und Insekten auf, und manche Vogelarten bauen dort auch ihr Nest. Wenn das der Bauer sieht!

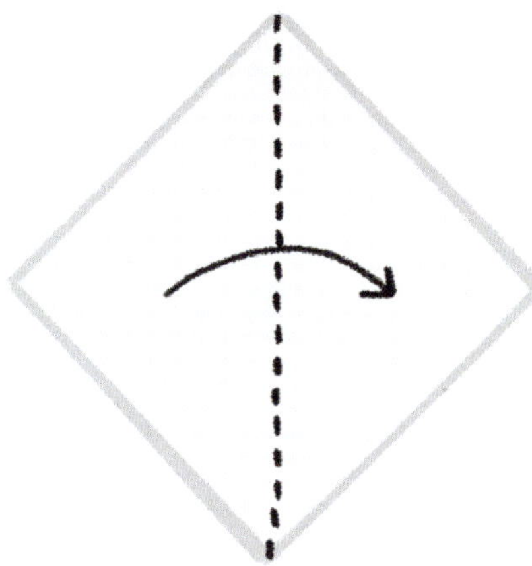

1 Lege dein Papier mit der Spitze nach oben hin. Falte nach rechts und öffne.

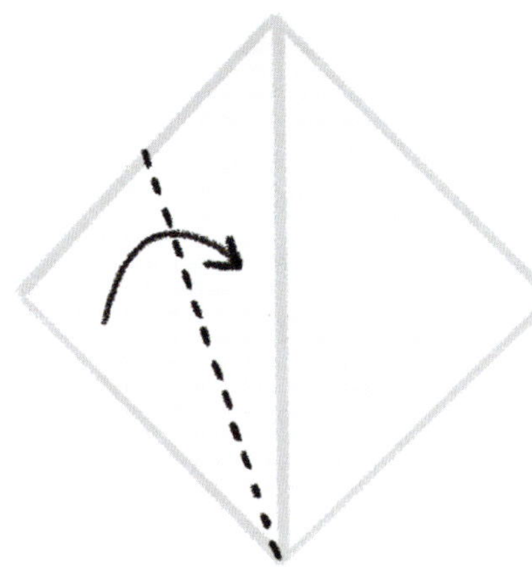

2 Du faltest erst die linke Ecke auf den Mittelfalz, …

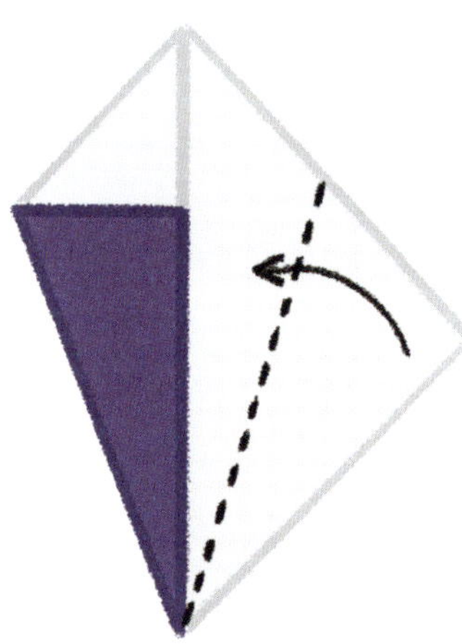

3 … dann auch die rechte Ecke.

4 Falte die obere Ecke nach hinten.

5 Dann faltest du erst die rechte Spitze auf den Mittelfalz, ...

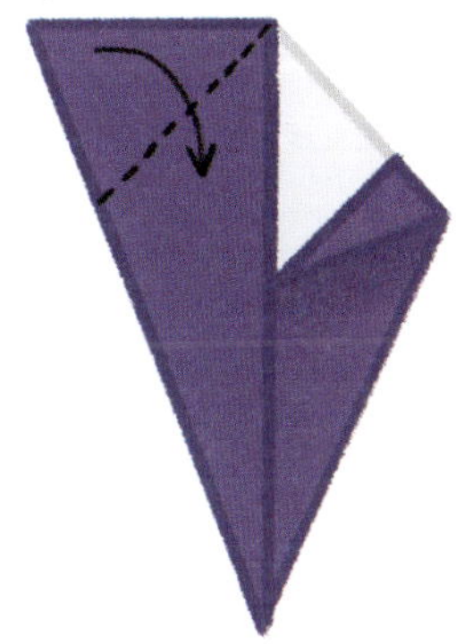

6 ... dann auch die linke Spitze.

7 So sollte die Form nun aussehen.

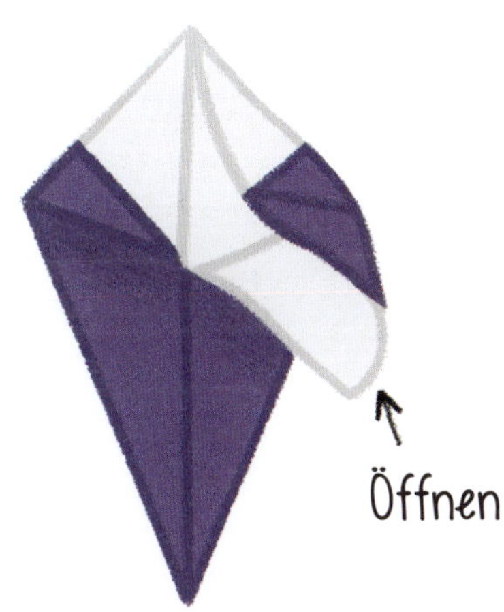

8 Ziehe vorsichtig die innere rechte Ecke nach außen.

9 Glätte die Form. So sollte sie nun aussehen. Wiederhole Schritt 8 auf der linken Seite.

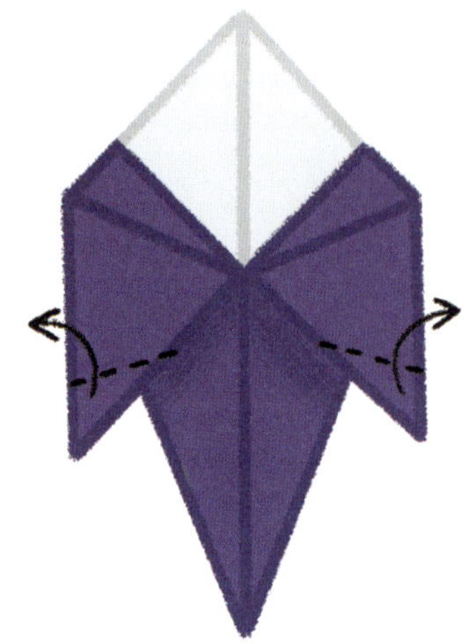

10 Du faltest beide Spitzen nach oben: Das sind die Vogelfüße.

11 Falte die Form in der Mitte nach links.

12 An der unteren Spitze führst du eine Ziehharmonikafaltung aus. Öffne und falte in die entgegengesetzte Richtung. Stülpe die Spitze mit einer Gegenbruchfalte nach innen (siehe Seite 6) um: Das ist der Schwanz. Nun faltest du die obere Spitze nach links. Drehe die Form um 45° nach links.

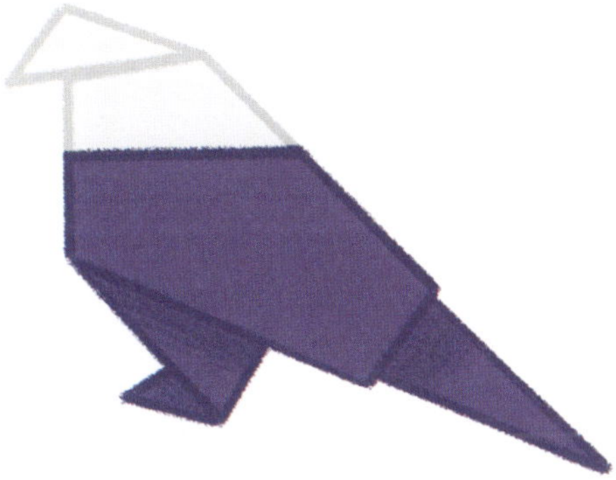

13 Führe an der oberen Spitze eine Gegenbruchfalte nach innen aus: Das ist der Kopf.

14 So sollte der Vogel nun von oben aussehen.

15 Male ihm noch einen Schnabel, Augen und ein schönes Gefieder. Der Vogel kann auf seinen Füßen stehen!

Hase

Hasen spielen gern zusammen. Mit dieser Anleitung kannst du eine ganze Hasenfamilie falten. Hoppel, hoppel, hoppel!

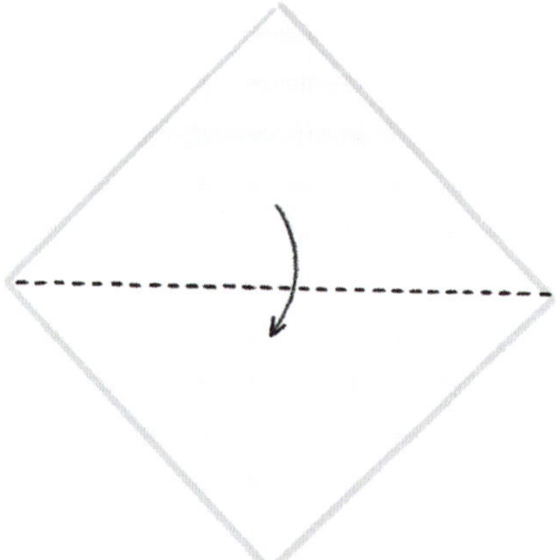

1 Lege dein Papier wie abgebildet hin, eine Ecke weist nach oben. Falte in der Mitte nach unten.

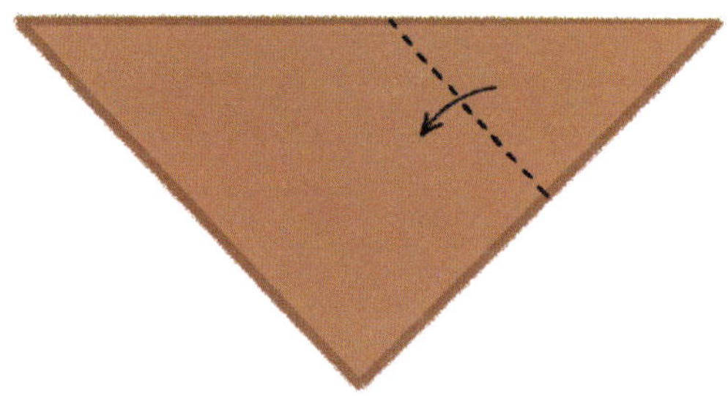

2 Du faltest erst den rechten Flügel zur unteren Spitze, ...

3 ... dann falte den linken Flügel.

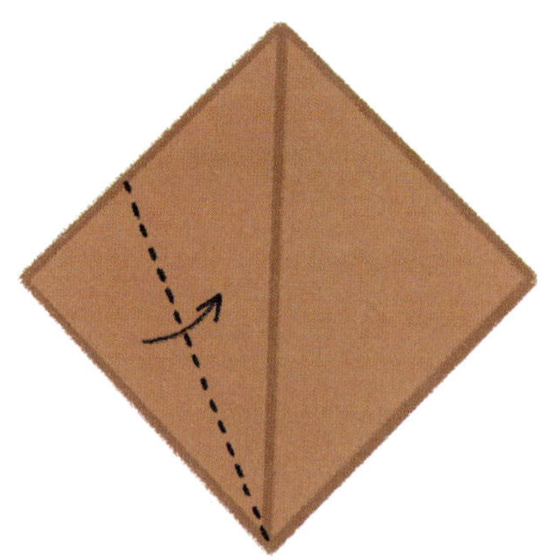

4 Falte erst die linke untere Kante auf den Mittelfalz, ...

Schwer

5 … dann falte die rechte untere Kante ebenso.

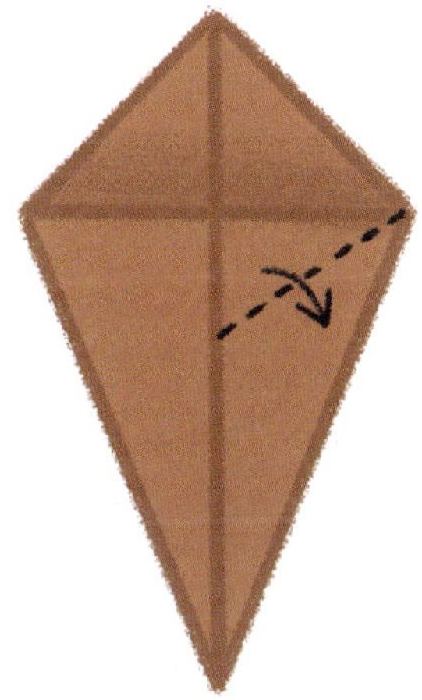

6 Danach faltest du erst die rechte Ecke auf die Außenkante, …

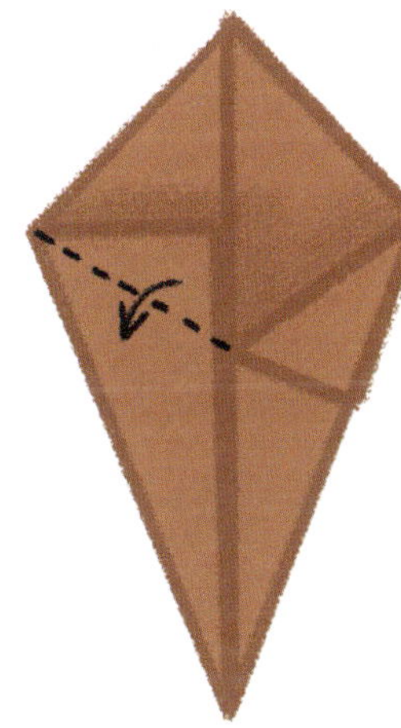

7 … dann faltest du die linke Ecke.

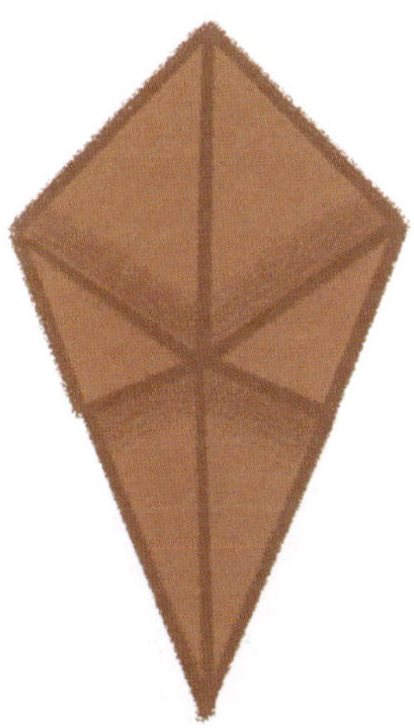

8 So sollte die Form nun aussehen.

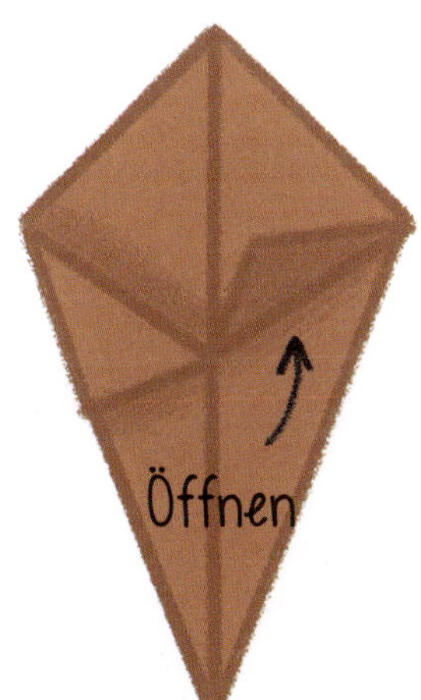

9 Öffne den Flügel wieder, der in Schritt 6 entstanden ist. Schiebe den Finger zwischen die Lagen: Es entsteht eine Tasche.

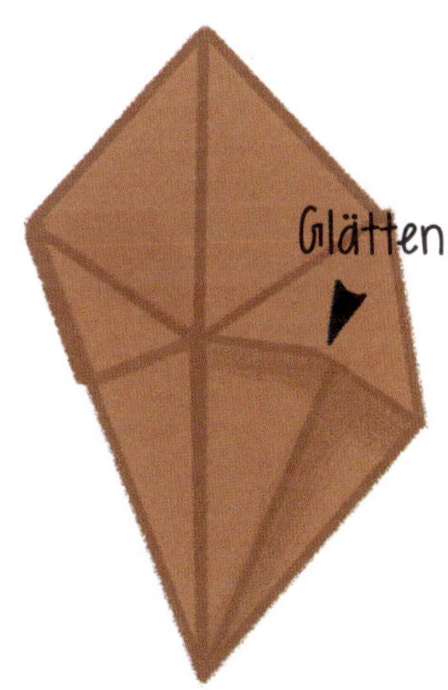

10 Du glättest die Tasche – dabei entsteht ein Dreieck. Dann wiederholst du Schritt 9 auf der linken Seite.

11 So sollte die Form nun aussehen. Falte die linke Hälfte nach hinten.

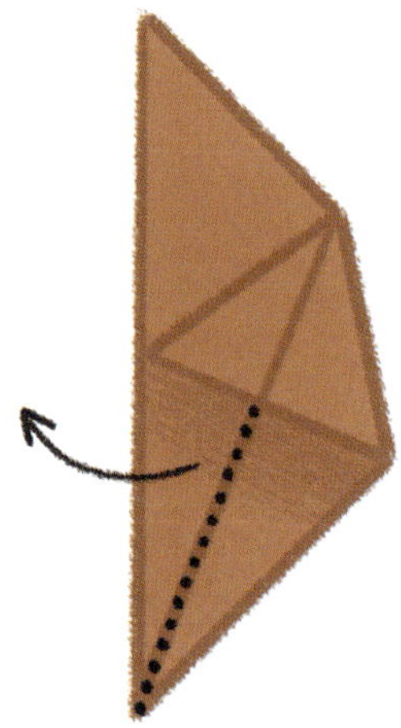

12 Drehe die linke Spitze nach hinten und falte sie zwischen den Lagen mit einer Bergfalte nach links.

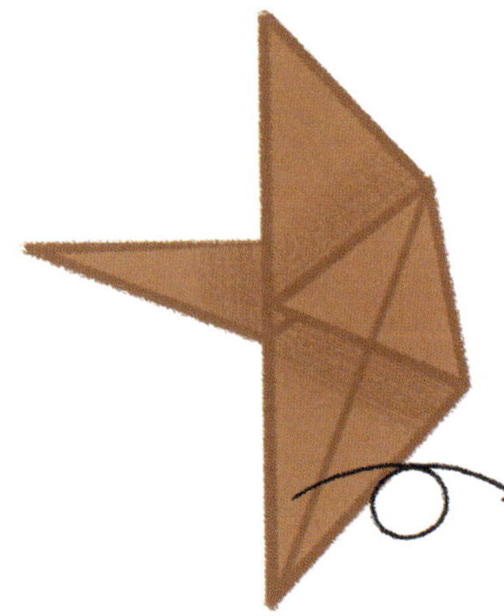

13 So sollte die Form nun aussehen, die lange Spitze weist nach links. Wende die Form.

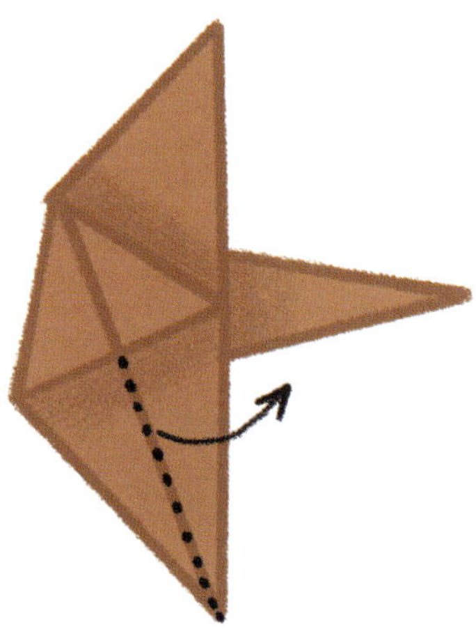

14 Wiederhole Schritt 12 auf der anderen Seite. Falte die rechte Spitze mit einer Bergfalte nach hinten und nach rechts.

15 Achte darauf, die Spitze zwischen den Papierlagen hindurchzustecken – so wie bei Schritt 12.

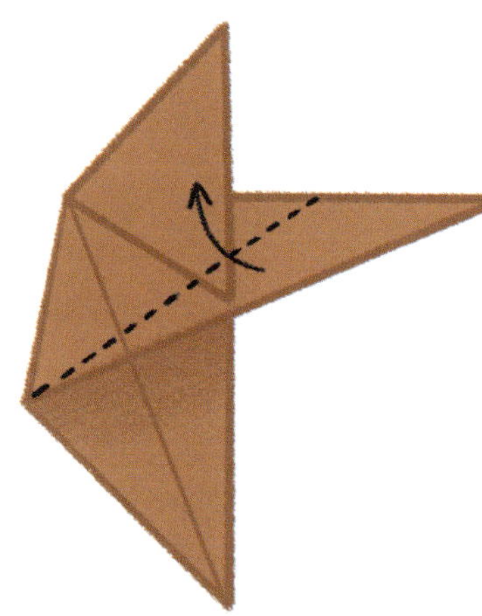

16 Die lange Spitze, die in Schritt 14 entstanden ist, faltest du nach oben: Das ist das erste Ohr.

Schwer ★★★

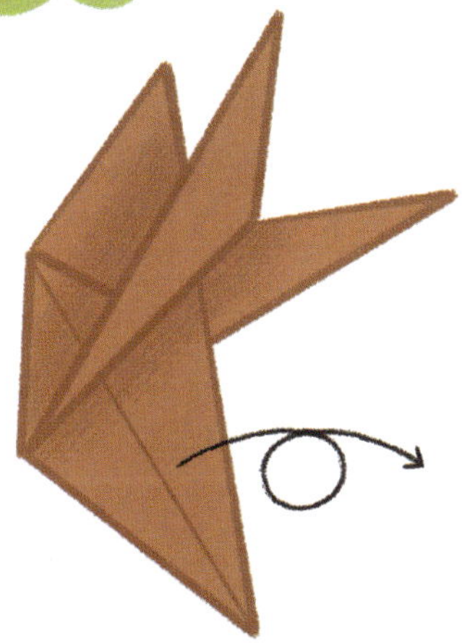

17 So sollte die Form nun aussehen. Wende sie.

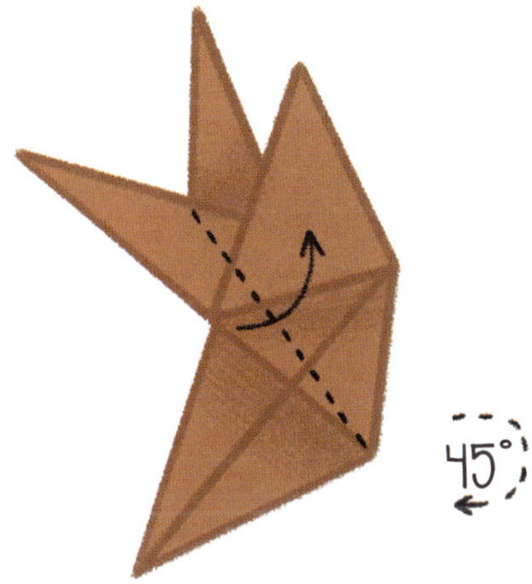

18 Falte die lange Spitze, die in Schritt 12 entstanden ist, nach oben: Das ist das zweite Ohr. Dann drehst du die Form um 45° nach rechts. Nun liegt sie so wie in Abbildung 19.

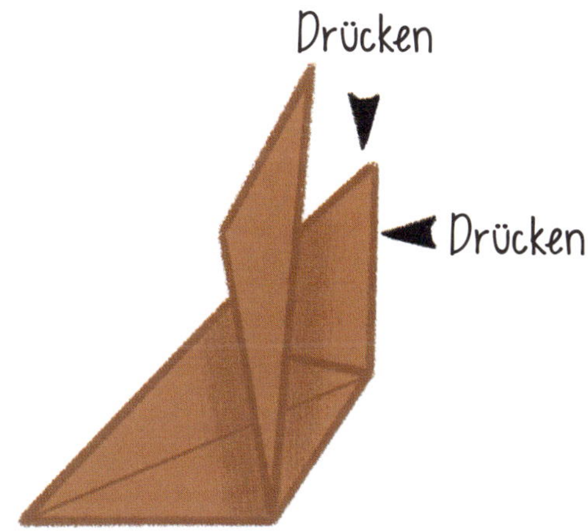

19 Du hältst die Ohren unten fest und faltest die Brust: Öffne die obere rechte Spitze und drücke dagegen, sodass die Kanten um die Ohren herumklappen.

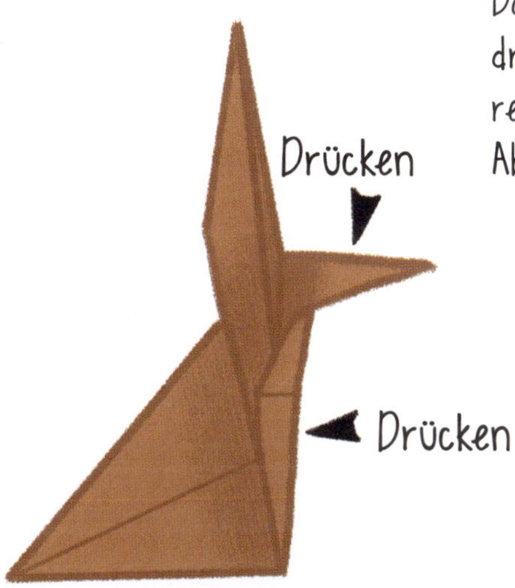

20 So sollte die Form nun aussehen. Für das Gesicht drückst du von oben auf die Spitze.

21 Für das Maul führst du eine kleine Gegenbruchfalte nach innen (siehe Seite 6) aus. Öffne die Ohren, sodass die Innenseite zu sehen ist.

22 Für den Schwanz faltest du erst die Spitze erst nach hinten und öffnest wieder. Dann faltest du sie nach rechts.

23 Nun faltest du die Spitze nach hinten und öffnest wieder. Falte sie dann nach links.

24 So sollte die Form nun aussehen. An den Falzen von Schritt 23 führst du eine Gegenbruchfalte nach innen aus: Das ist der Schwanz.

25 Male noch Augen, Schnurrhaare und das Fell, und schon kann dein Hase loshoppeln.

Der Bauernhof bei Nacht

Fuchs

Im Schutz der Dunkelheit schleicht der Fuchs auf den Hof, um nach Nahrung zu suchen. Der Origami-Fuchs hat einen buschigen Schwanz und große Ohren.

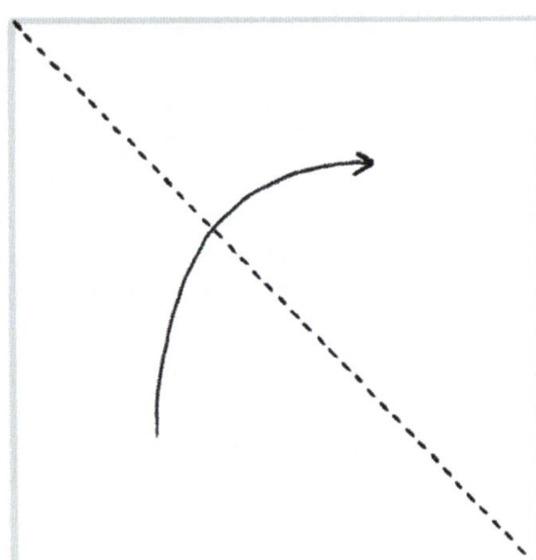

1 Falte dein Papier in der Diagonalen nach rechts oben.

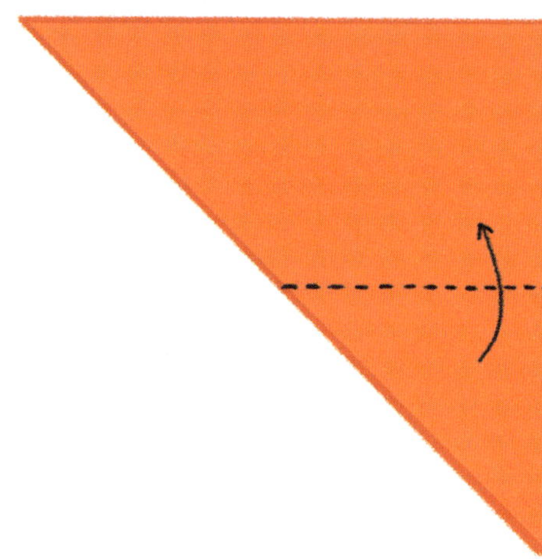

2 Danach faltest du erst die untere Spitze zur oberen Ecke, ...

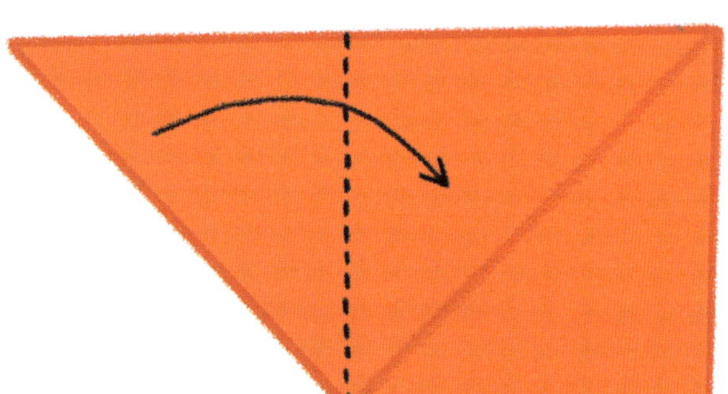

3 ... dann auch die linke Spitze.

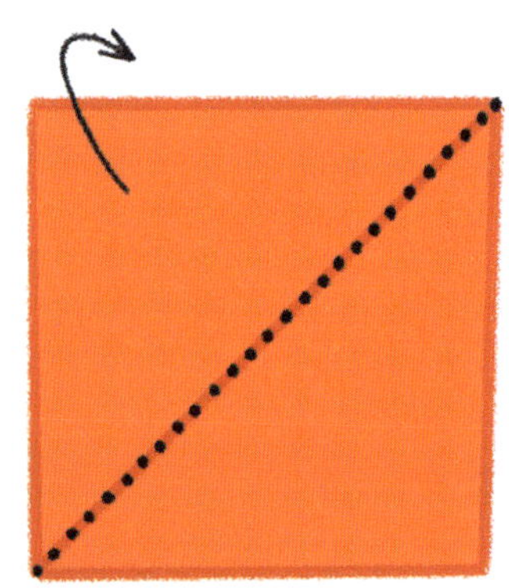

4 Falte in der Diagonalen nach hinten.

5 Falte nach links, so wie in der Abbildung.

Leicht

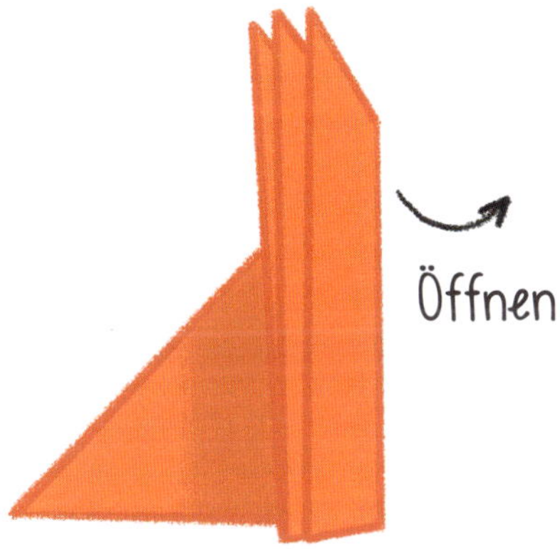

6 Öffne den Falz wieder, der in Schritt 5 entstanden ist.

7 Du öffnest die mittlere Tasche und drückst die Spitze nach unten. Dabei entsteht ein Dreieck: Das ist die Schnauze.

8 Falte die Spitze nach rechts. Dann öffne wieder etwas, sodass sie leicht absteht: Das ist der Schwanz.

9 Öffne das Maul und male eine Nase, Augen, schwarze Ohrenspitzen und eine weiße Schwanzspitze. Richte den Schwanz gut aus, dann steht der Fuchs!

Fledermaus

Fledermäuse fliegen nachts über die Felder und suchen nach leckeren Insekten.

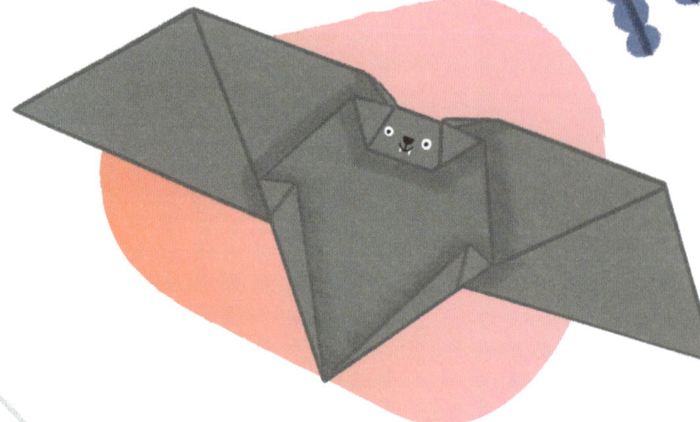

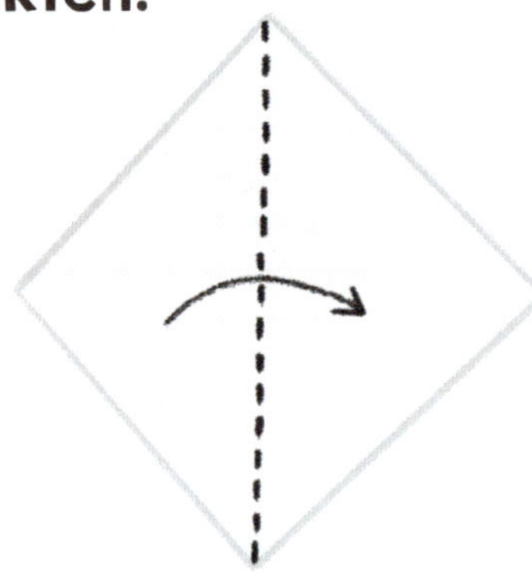

1 Lege dein Papier so, dass die Ecke nach oben zeigt. Falte in der Mitte nach rechts und öffne.

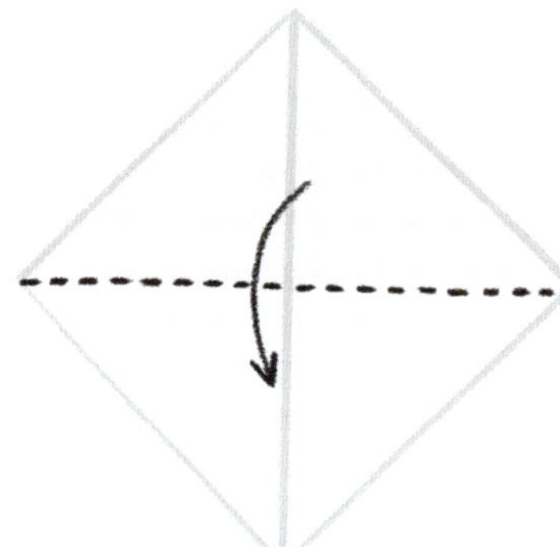

2 Du faltest in der Mitte nach unten.

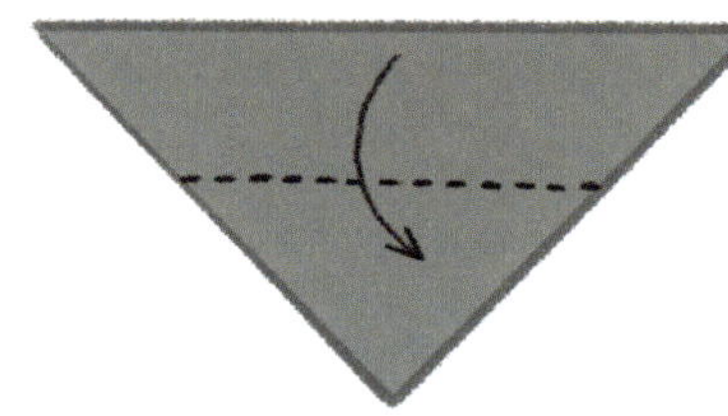

3 Falte die obere Kante nach unten, so wie in der Abbildung.

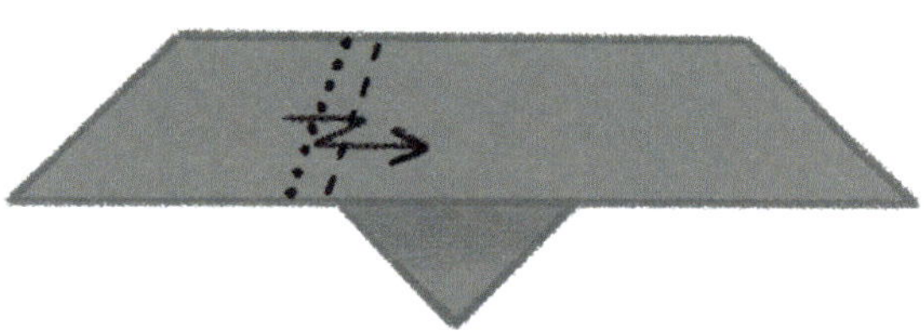

4 Du führst links eine Ziehharmonikafaltung aus.

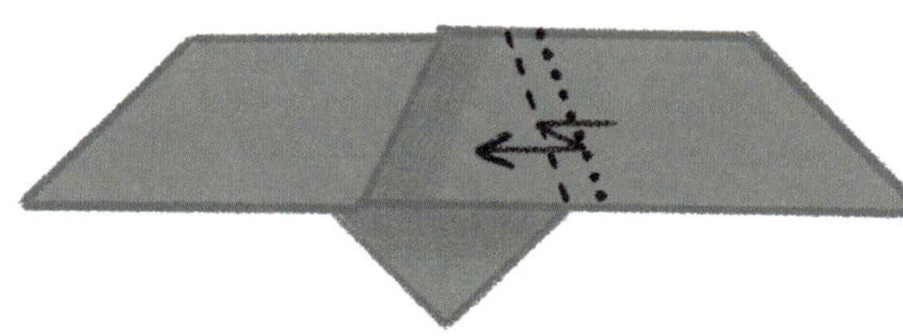

5 Führe auch rechts eine Ziehharmonikafaltung aus. So sieht die Form nun aus.

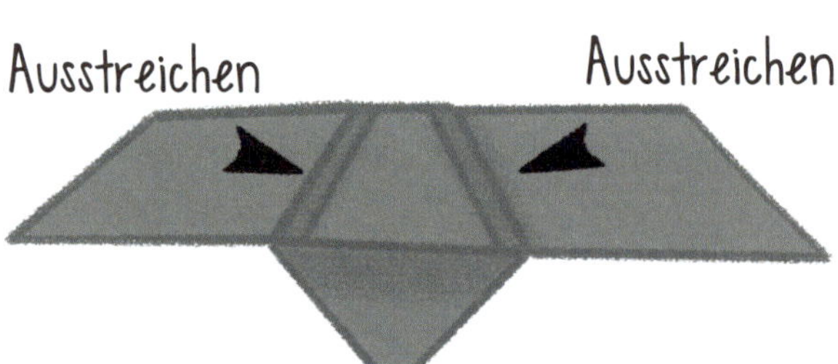

6 Streiche die Falze von Schritt 4 und 5 gut aus.

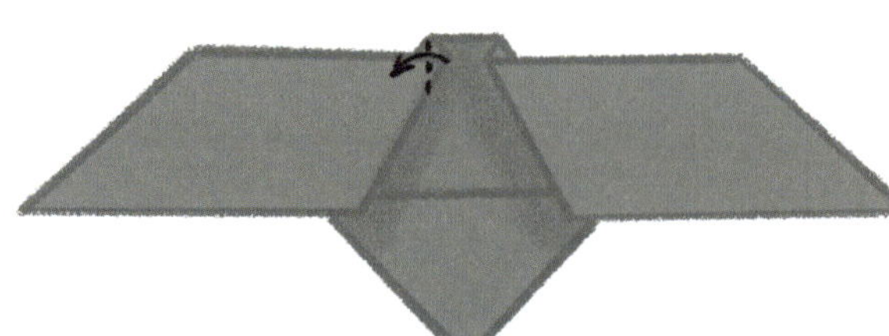

7 Falte die linke Ecke nach links.

Mittel ★★

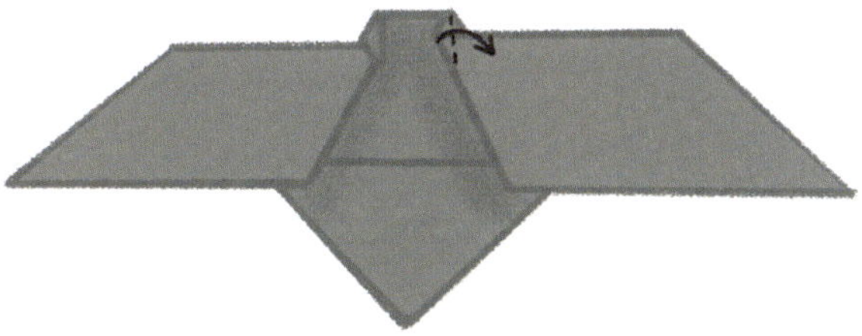

8 Die rechte Ecke faltest du nach rechts.

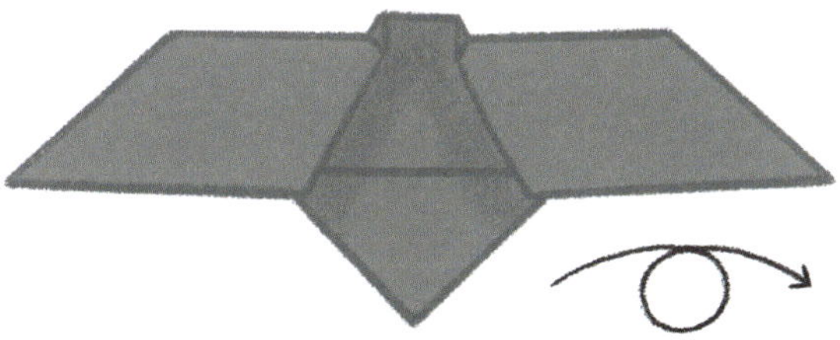

9 So sollte die Form nun aussehen. Wende sie.

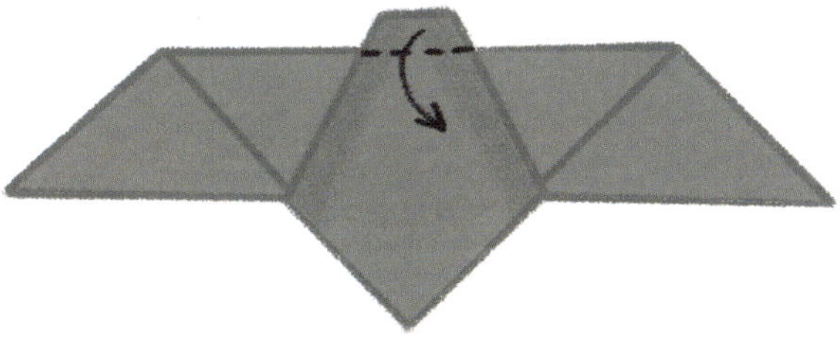

10 Dann faltest du die obere Kante nach unten: Das ist der Kopf.

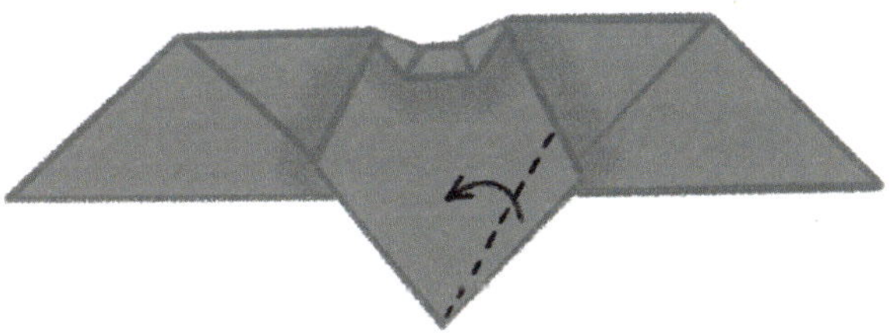

11 Du faltest die rechte Kante nach links, so wie auf der Abbildung. Das ist der erste Fuß.

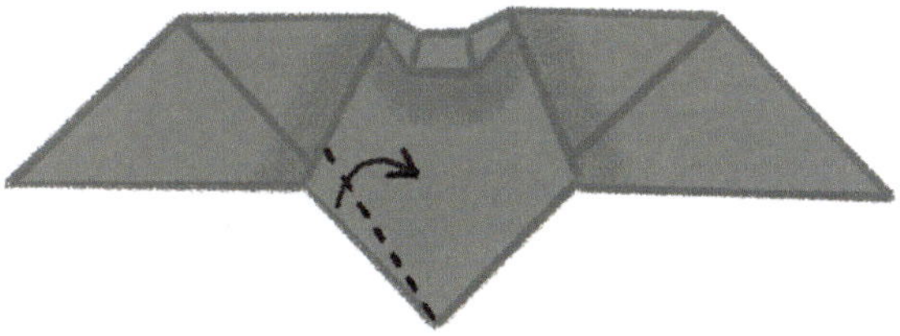

12 Falte dann die linke Kante nach rechts. Das ist der zweite Fuß.

13 Male noch Augen, eine Nase und ein Maul mit scharfen Zähnen – fertig ist die Fledermaus.

Eule

Wenn Kühe und Schweine schlafen gehen, dann wachen andere Tiere erst auf. Zum Beispiel die Eule: Sie verlässt ihren Schlafplatz und fliegt durch die Nacht. U-uuh, u-uuh!

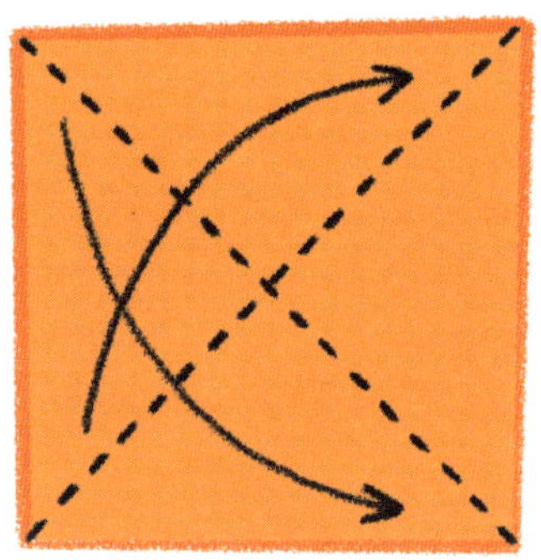

1 Lege dein Papier so hin, wie in der Abbildung. Falte in beiden Diagonalen und öffne wieder.

2 So sollte die Form nun aussehen. Wende sie.

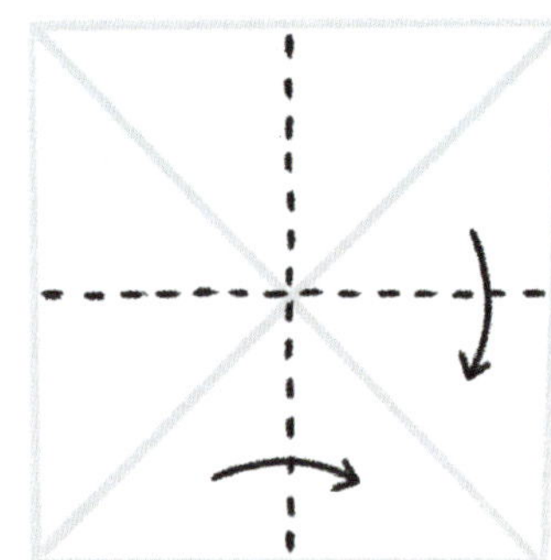

3 Du faltest in der Mitte nach rechts und öffnest wieder. Dann faltest du in der Mitte nach unten und öffnest wieder.

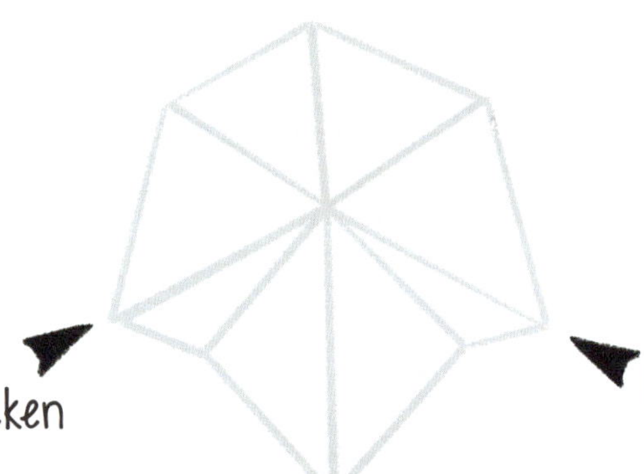

4 Drücke gegen die beiden Ecken links und rechts. Dabei faltet die Form sich von selbst zu einem Quadrat zusammen. Glätte sie.

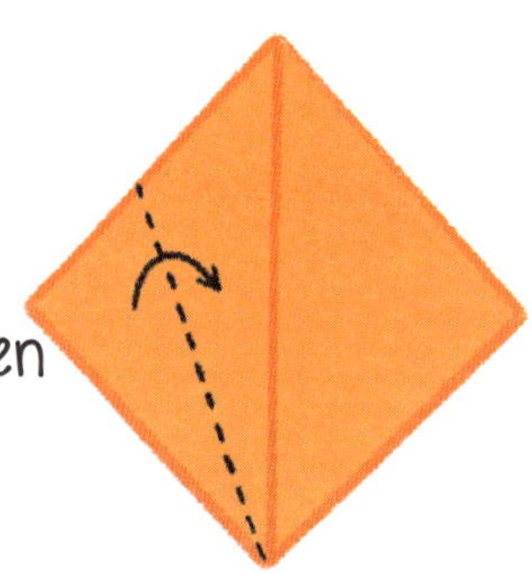

5 Die offene Seite weist nach unten. Nun falte erst den linken vorderen Flügel auf den Mittelfalz, ...

6 ... dann den rechten vorderen Flügel.

Schwer ★★★

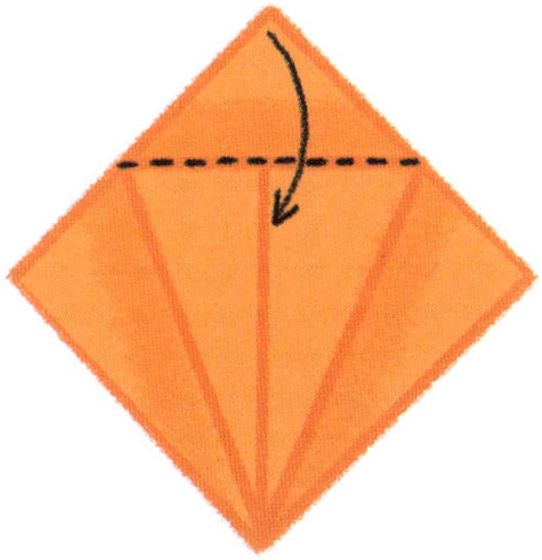

7 Du faltest die obere Ecke nach unten.

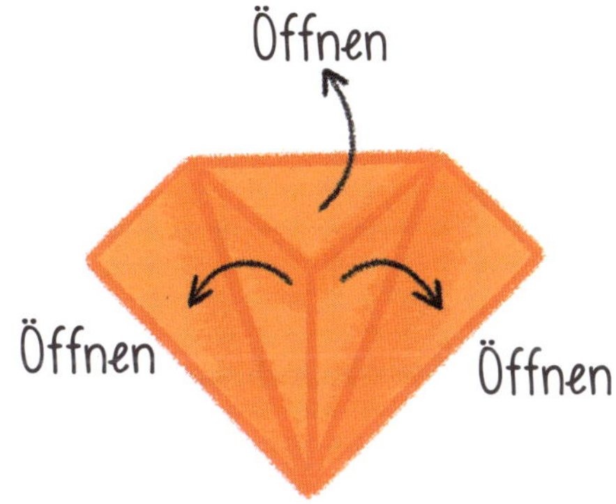

8 Öffne die Falze von Schritt 5, 6 und 7 wieder.

9 Dann ziehst du die oberste Lage der Spitze ganz nach oben.

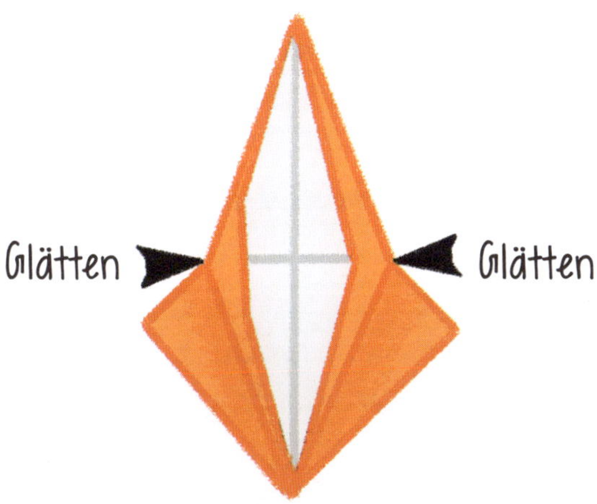

10 Dabei öffnet sich die Form und sieht so ähnlich aus wie ein Vogelschnabel. Glätte die Seiten.

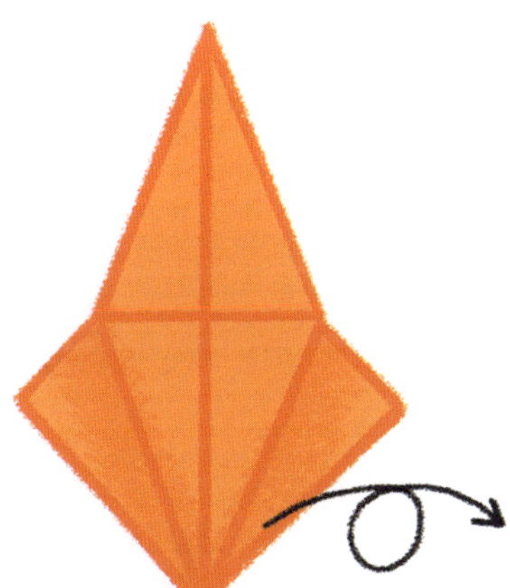

11 So soll die Form nun aussehen. Wende sie.

12 Nun wiederhole Schritt 5 bis 10 auf dieser Seite.

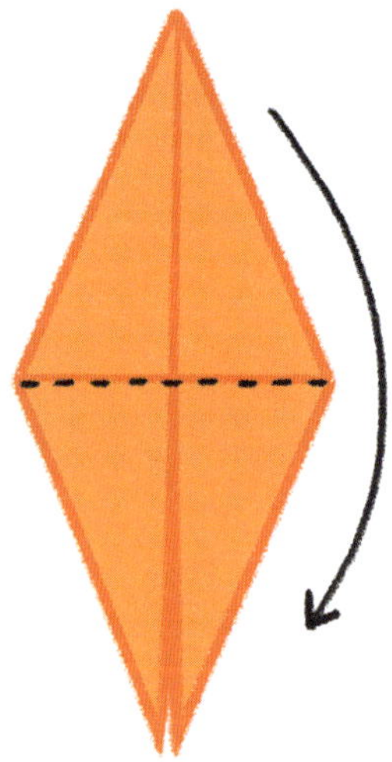

13 So sollte die Form nun aussehen, die beiden offenen Spitzen weisen nach unten. Falte die Spitze des vorderen Flügels ganz nach unten.

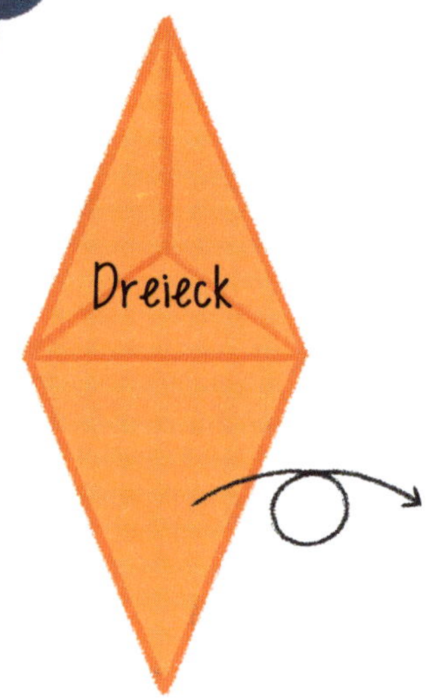

14 So sollte die Form nun aussehen. In der Mitte siehst du ein kleines Dreieck. Wende die Form und wiederhole Schritt 13 auf dieser Seite.

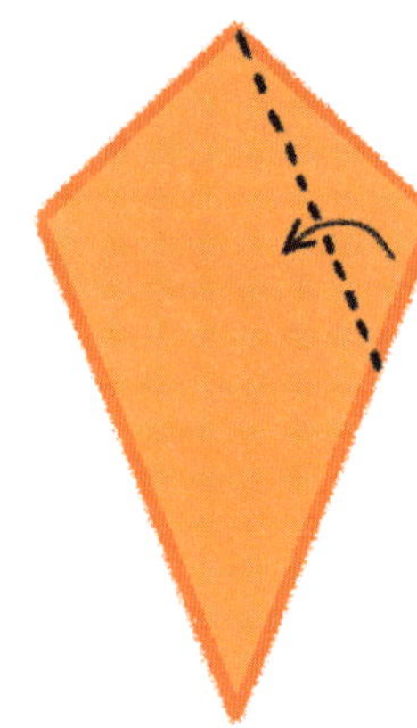

15 Nun sieht deine Form aus wie ein Drachen. Falte erst den vorderen rechten Flügel auf den Mittelfalz, …

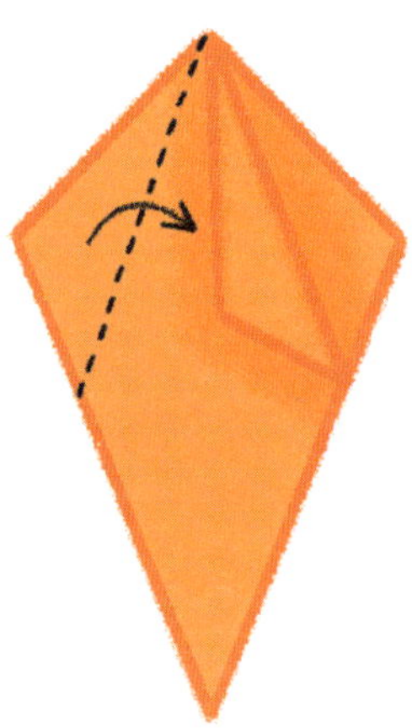

16 … dann auch den vorderen linken Flügel.

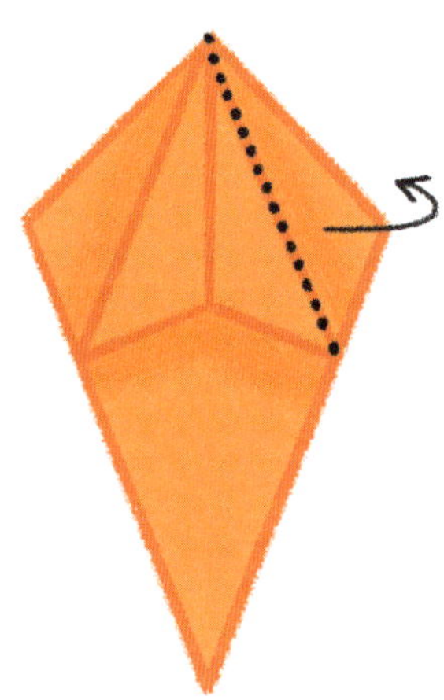

17 Du faltest erst die rechte Ecke mit einer Bergfalte nach hinten, …

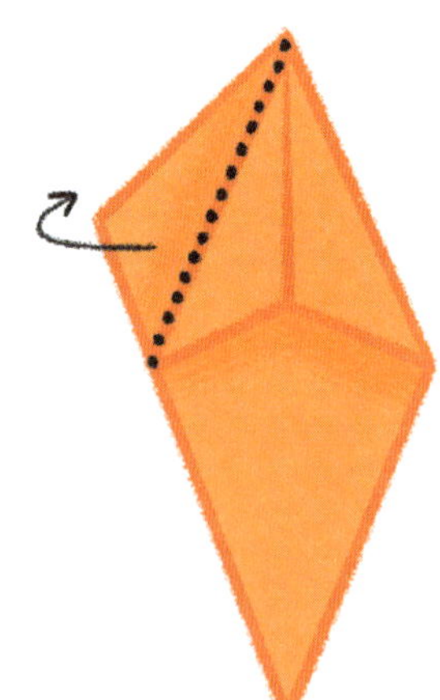

18 … dann auch die linke Ecke.

Schwer ★★★

19 So sollte die Form nun aussehen.

20 Öffne die Lagen rechts etwas. Ziehe den rechten Flügel nach rechts oben und drehe ihn dabei zu dir hin.

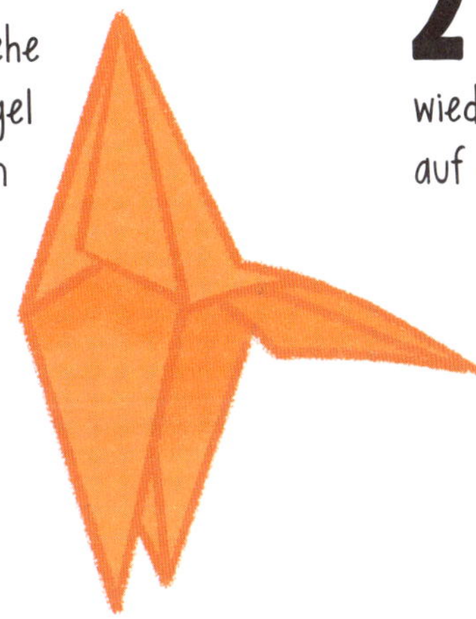

21 Glätte den Flügel und wiederhole Schritt 20 auf der linken Seite.

22 Führe eine Ziehharmonikafaltung unterhalb der Spitze aus: Das sind Kopf und Schnabel.

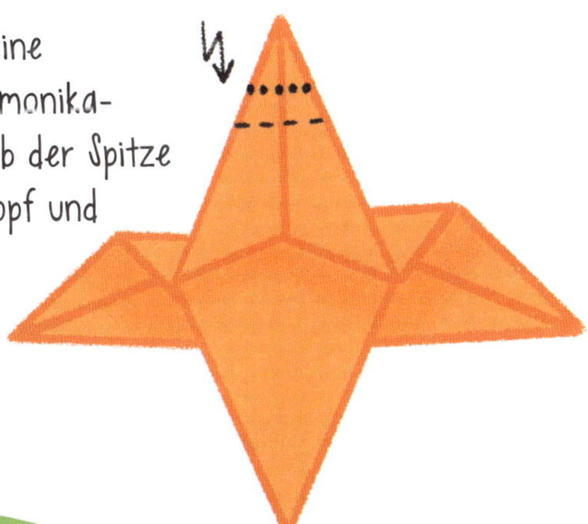

23 Darunter setzt du noch eine Talfalte: So bringst du Kopf und Schnabel in Position.

24 Male noch die Augen und Federn, und schon fliegt deine Eule los in die Nacht.

Maus

Mit dieser Anleitung faltest du eines der kleinsten Tiere auf dem Bauernhof – die winzige Maus. Fiep, fiep!

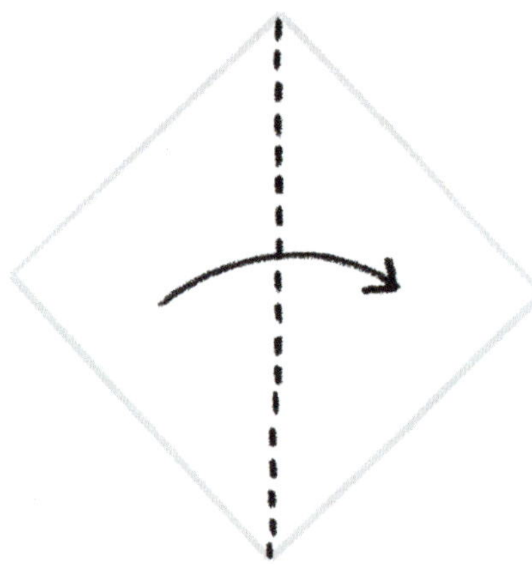

1 Lege dein Papier mit der Ecke nach oben hin. Du faltest in der Mitte nach rechts und öffnest wieder.

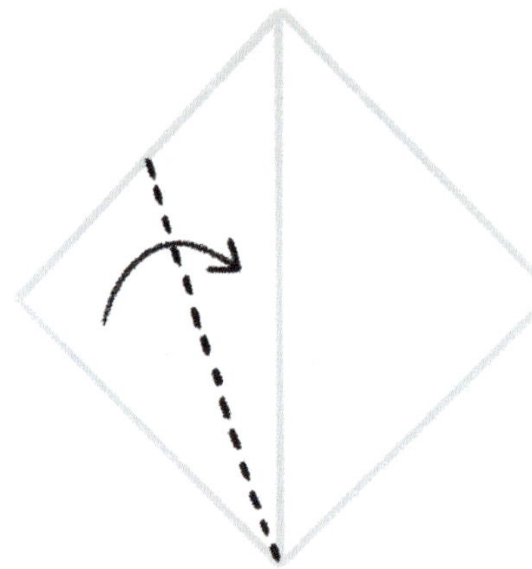

2 Falte erst die linke untere Kante auf den Mittelfalz, ...

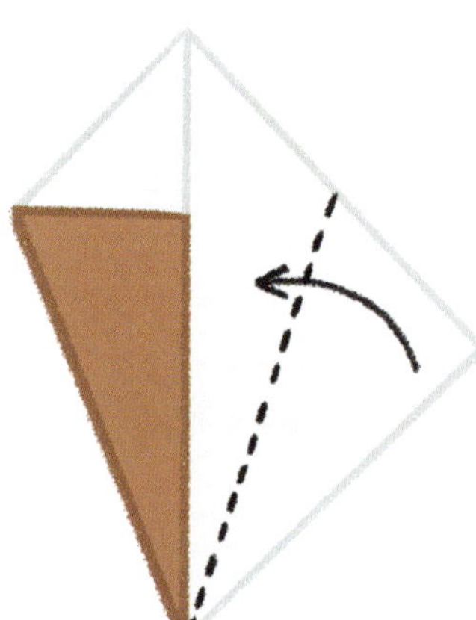

3 ... dann auch die rechte untere Kante.

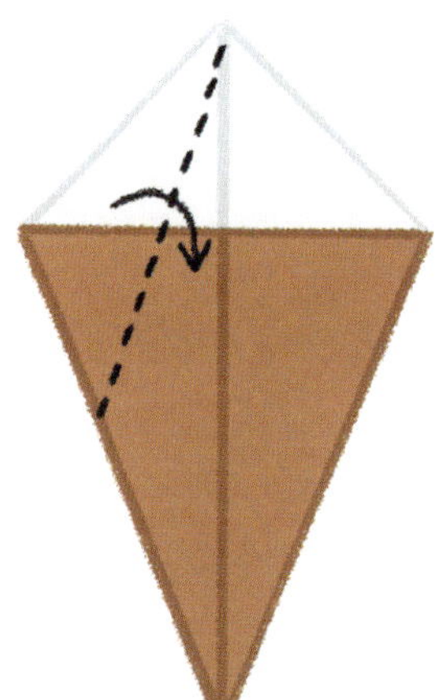

4 Nun faltest du noch die obere linke Kante auf den Mittelfalz ...

5 ... und auch die obere rechte Kante.

Mittel

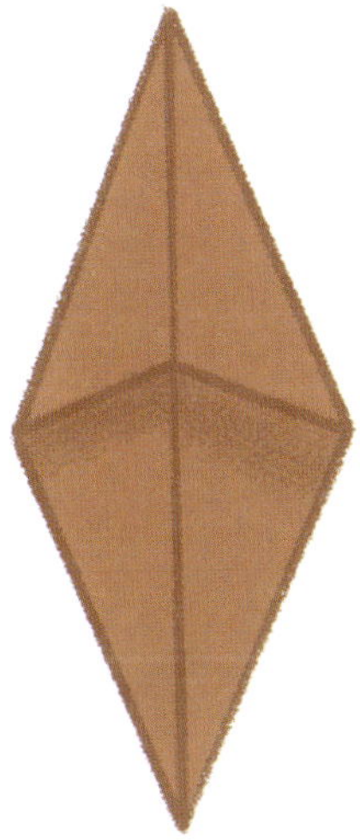

6 So sollte die Form nun aussehen.

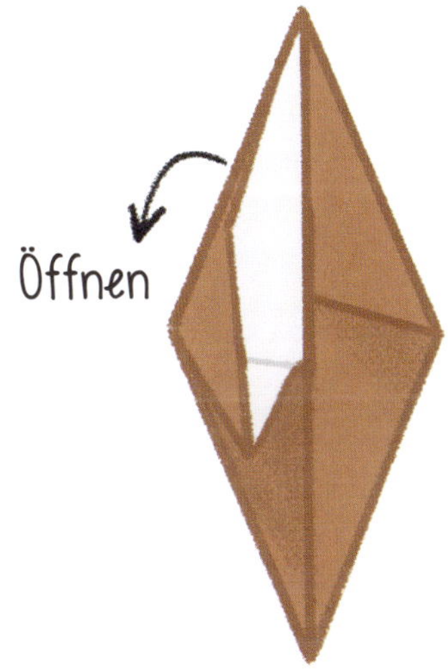

7 Du öffnest die linke innere Ecke, so wie in der Abbildung. Greife den inneren Flügel und ziehe ihn nach unten. Dabei entsteht ein neuer Flügel, so wie auf der Abbildung.

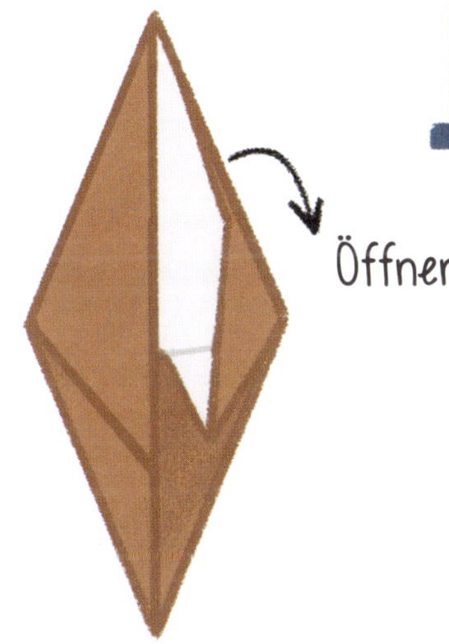

8 Glätte die Form. Dann wiederholst du Schritt 7 auf der rechten Seite.

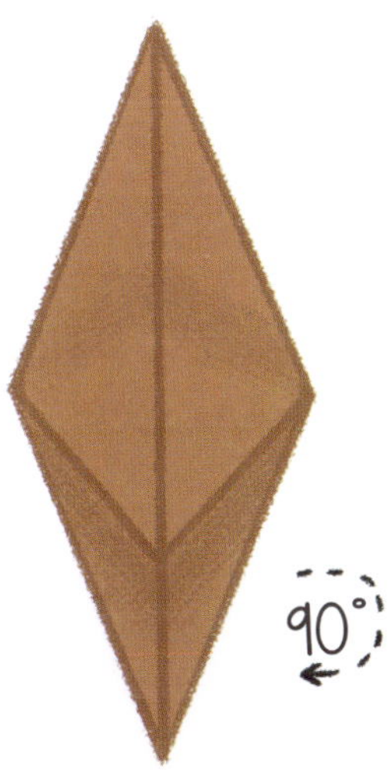

9 So sollte die Form nun aussehen. Drehe sie um 90° nach rechts: Die Flügelspitzen weisen nach links.

10 Du faltest den unteren Flügel nach hinten. Seine Spitze steht nun oben heraus.

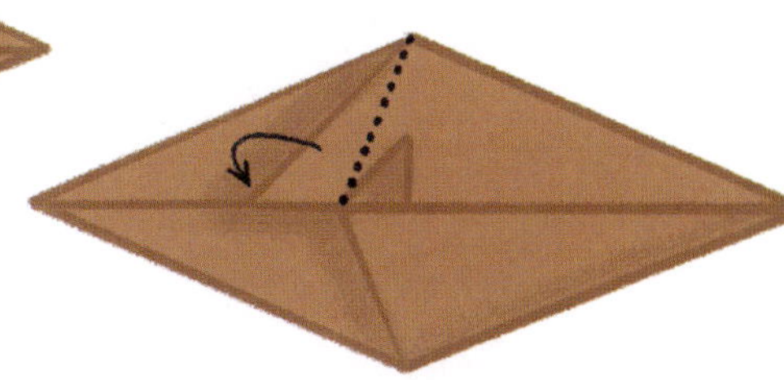

11 Falte auch den oberen Flügel nach hinten und stecke ihn hinter die Spitze, die bei Schritt 10 entstanden ist: Das sind die Mauseohren.

12 Du faltest die linke Spitze nach hinten.

13 Falte die obere Kante nach hinten, so wie in der Abbildung.

14 Wiederhole Schritt 13 mit der unteren Kante.

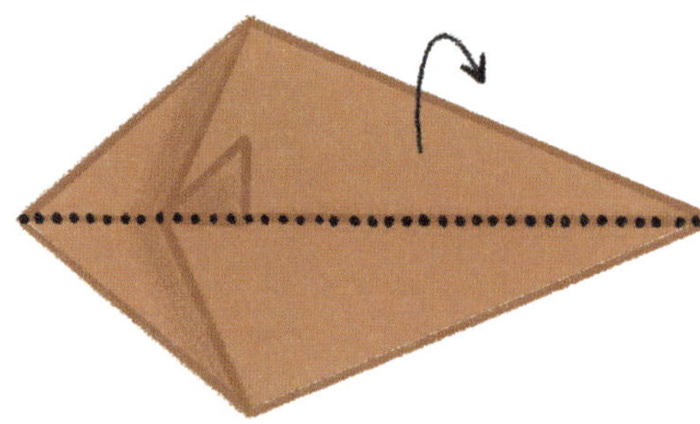

15 Du faltest in der Mitte nach hinten. Dabei klappen die beiden Ohren nach oben.

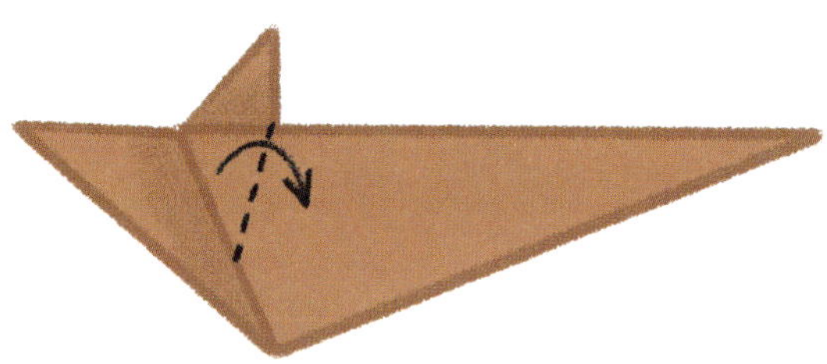

16 Danach faltest du den vorderen Flügel nach rechts, so wie in der Abbildung. Falte auch den hinteren Flügel nach rechts: Nun stehen die Ohren ab.

17 Falte die rechte Spitze nach hinten und öffne wieder. Dann faltest du sie nach vorn und öffnest wieder. Führe eine Gegenbruchfalte nach innen (siehe Seite 6) aus: Das ist die Schwanzspitze.

Mittel ★★

18 Falte die Spitze nach rechts, so wie auf der Abbildung. Der Falz liegt zwischen den Lagen des Körpers. Öffne wieder und falte nach hinten. Dann öffnest du erneut und führst du eine Gegenbruchfalte nach innen aus.

19 Du faltest erst den vorderen Flügel in der Mitte nach hinten, dann auch den hinteren Flügel: Das ist der dünne Schwanz.

20 Öffne beide Ohren etwas. Dann drehst du die Form um 45° nach rechts: Deine Maus steht nun.

21 Zeichne deiner Origami-Maus noch eine spitze Nase und Schnurrhaare.

Motte

Wenn du nachts das Licht auf deinem Origami-Bauernhof anlässt, lockt das viele Motten an. Hier faltest du deine eigene Origami-Motte. Flatter, flatter!

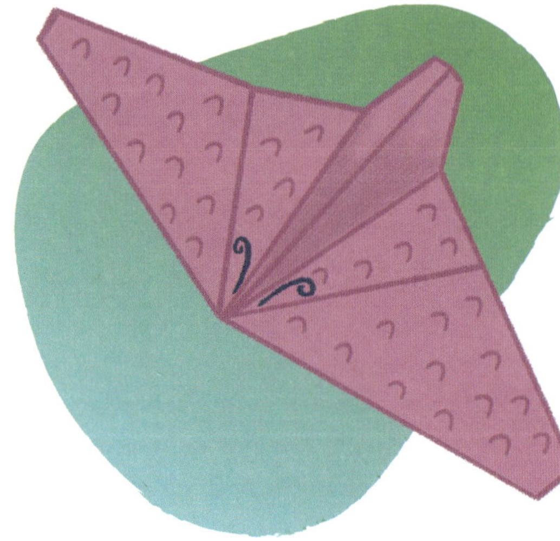

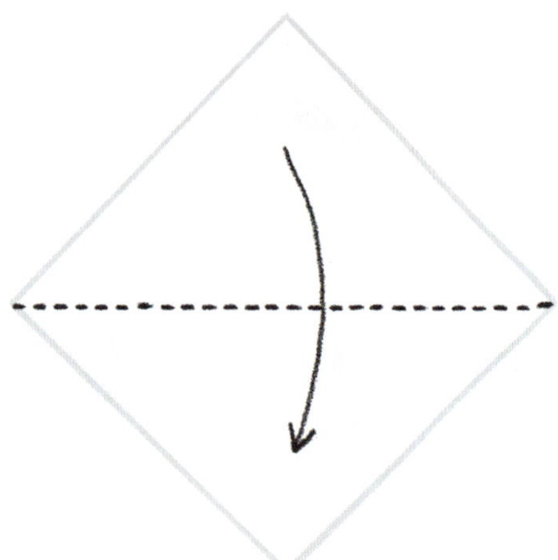

1 Du faltest in der Mitte erst nach unten, ...

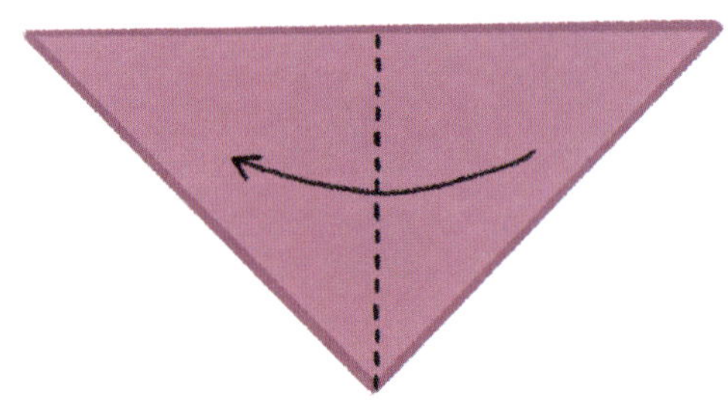

2 ... dann nach links.

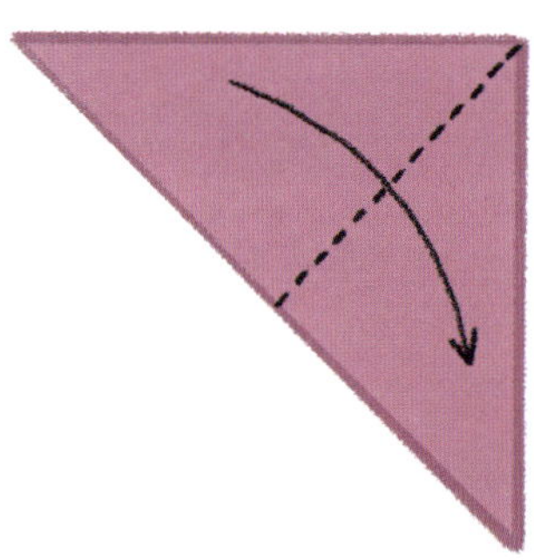

3 Falte den vorderen Flügel nach unten. Dann streiche den Falz gut aus und öffne wieder.

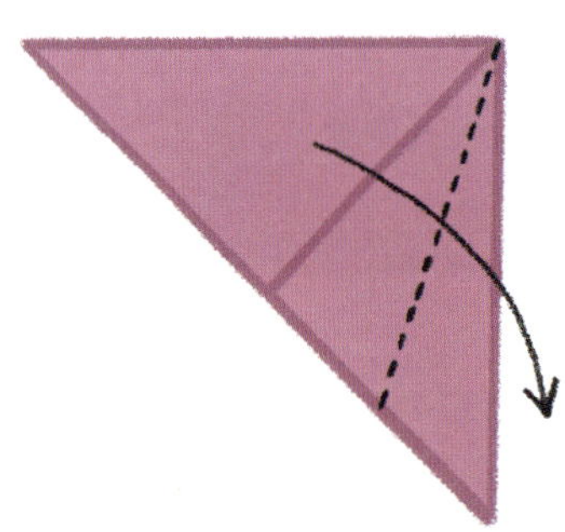

4 Du faltest den vorderen Flügel schräg nach unten, so wie in der Abbildung. Streiche den Falz gut aus und öffne wieder.

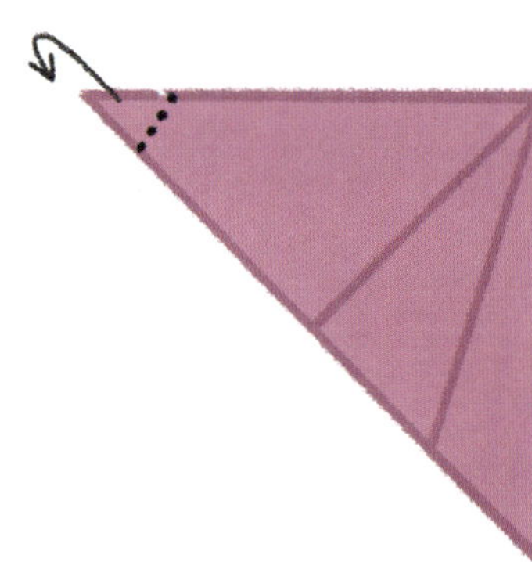

5 Falte nur die vordere Spitze nach hinten.

Leicht ★

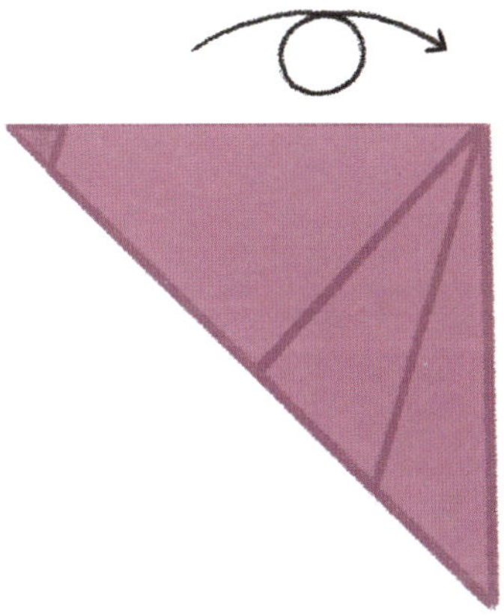

6 So sollte die Form nun aussehen. Wende sie.

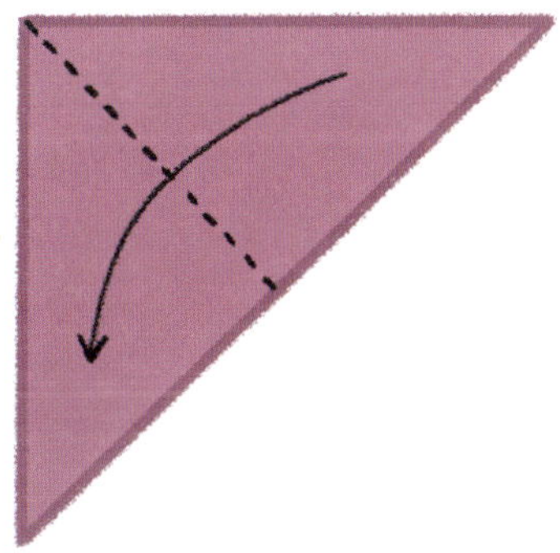

7 Du faltest den vorderen Flügel nach unten. Streiche den Falz gut aus und öffne wieder.

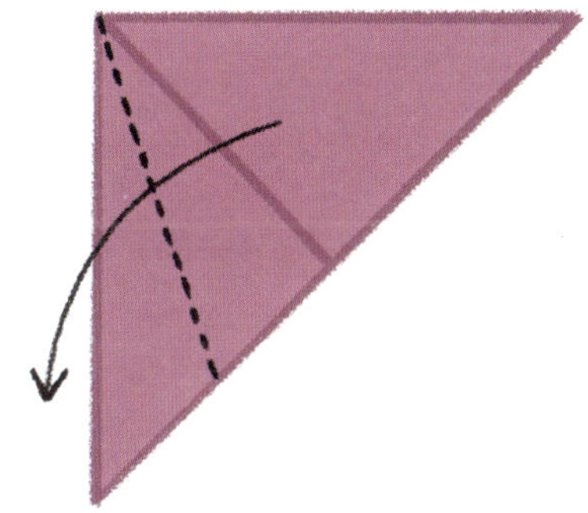

8 Dann faltest du den vorderen Flügel schräg nach unten, so wie in der Abbildung. Streiche den Falz gut aus und öffne wieder.

9 Falte nur die vordere Spitze nach hinten.

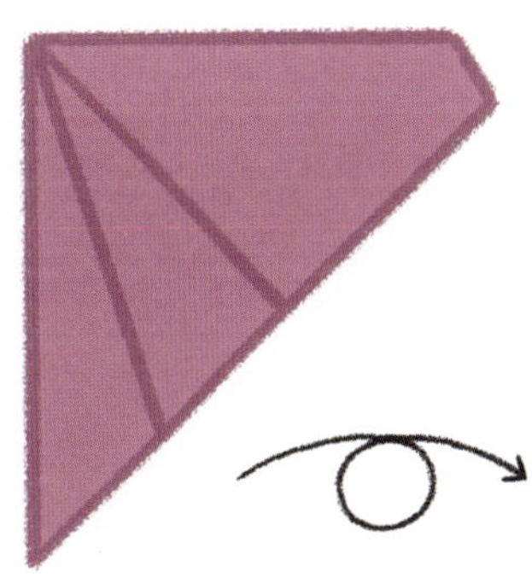

10 So sollte die Form nun aussehen. Öffne die Form in der Mitte und wende sie.

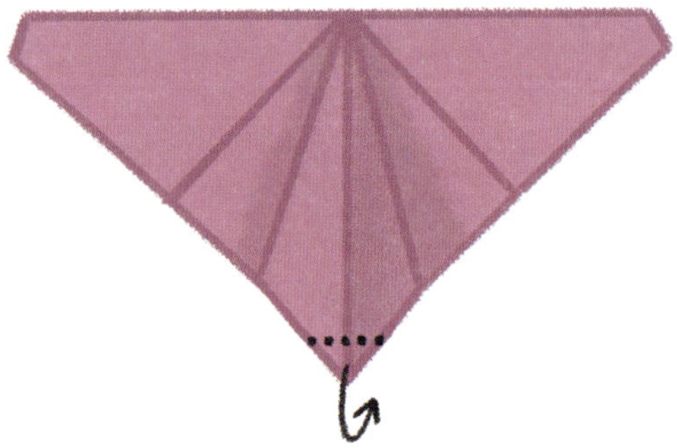

11 Du faltest die Ecke nach hinten, so wie in der Abbildung.

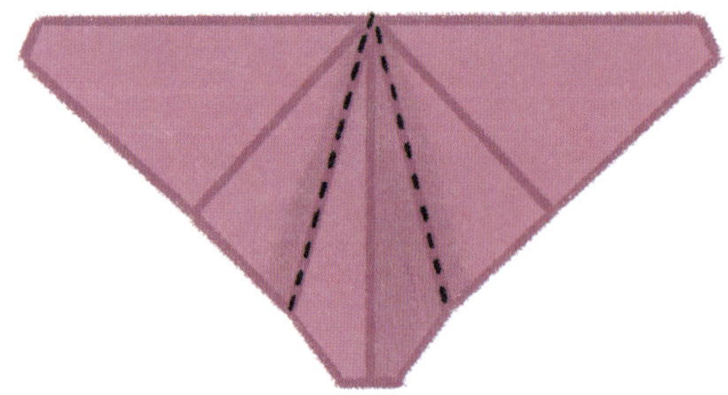

12 Ziehe die Talfalten in Form, sodass ein Mottenkörper mit Flügeln entsteht.

13 So sollte die Form nun aussehen.

14 Male noch ein Muster und Fühler – schon ist die Motte bereit, in die Nacht davonzuflattern.